KB155492

서유구(1764-1845)

# 풍석 서유구,
## 조선의 브리태니커를 펴내다

| 박유상 지음 |

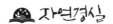
자연경실

# 조선의 브리태니커,
# 《임원경제지》의 편찬자 서유구

## 1842년 완성된 조선 최대의 실용백과사전 《임원경제지》

지금으로부터 약 180여 년 전인 1842년 《임원경제지》라고 하는 책이 완성되었다. 16개의 분야의 주제를 113권 250만 자에 담았다. 이 책은 유서類書, 즉 각 분야별 지식을 모아놓은 백과사전의 형태로 되어 있다. 책이 완성되기까지 물론 많은 사람들의 도움이 있었지만, 방대한 분량의 지식을 수집, 분류, 체계화하여 직접 손으로 기록한 사람은 오직 한 사람, 서유구였다. 그의 30여 년에 이르는 노력의 결과가 바로 이 책이다. '임원林園'의 문자적 의미는 산림과 전원이라는 뜻이지만, 서유구는 임원을 도시가 아닌 삶의 공간인 시골, 향촌이라는 의미로 사용했다. 임원경제는 시골에서 생활하기 위해 필요한 모든 활동을 의미한다. 시골생활에 필요한 모든 실제적이고 실용적인 지식과 정보를 담은 백과사전이 바로 《임원경제지》다.

이 책에는 19세기의 조선을 비롯한 중국과 일본, 즉 동양 3국의 다양한 분야의 지식이 망라되어 있다. 오늘날 학문 분야로 분류하면 농학, 건축, 의학, 과학, 수학, 식물학, 천문학, 생물학, 음악, 미술, 영양학, 조리학 등등에 해당하는 지식이다.

## 서유구는 왜, 어떻게 《임원경제지》를 편찬했을까?

서유구는 명문가 사대부 집안에서 태어났다. 당시 사대부들은 실용 지식은 천박하다고 여겼다. 사대부 양반들이 주로 연구하던 학문은 관념적인 성리학, 즉 철학, 정치학, 역사학이었다. 서유구 역시 어려서부터 유학의 모든 경전을 공부했다. 그러나 한편 그는 집안어른들을 통해서 일찍부터 청나라를 통해 전달된 실증적인 서양과학도 접할 수 있었다. 다양한 학문을 공부하면서 서유구는 올바른 가치관을 세우고 심성을 닦아나갔고, 실제적인 삶의 중요성도 깨달았다.

과거에 급제하고 규장각 각신으로 일을 시작한 그는, 개혁군주 정조 아래서 여러 책들을 편찬했다. 지방관으로 일하면서는 직접 백성들의 생활을 경험하고, 그들의 고통을 깊이 이해할 수 있었다. 하지만 서유구가 머리만이 아니라 온몸과 온 마음으로 실제적인 삶을 이해하게 된 것은 벼슬을 내려놓고 농촌에 은거하게 된 이후부터다.

번성하던 서유구의 집안은 작은아버지 서형수가 뜻하지 않은 사건에 휘말리면서 몰락했다. 모든 관직을 내려놓고 가족과 함께 시골로 내려갈 수밖에 없었다. 서유구가 먹고살기 위해 할 수 있는 일은 농사뿐이었다. 하지만 서유구는 일반 농사꾼과는 달랐다. 농서를 보면서 농사를 짓고, 그 경험을 다시 기록했다. 18년간의 농촌생활 끝에 다시 벼슬길에 나섰지만 서유구의 관심은 이제 한양 도성의 궁궐에 있지 않았다. 임원생활이 언제나 그의 관심사였다. 중앙의 요직이 주어지면 물리쳤고, 임원에서 일하는 목민관은 받아들였다. 농촌에 은거할 때 구상하고 집필을 시작했던《임원경제지》는 두 번째 벼슬 시기 동안에도 계속되었고, 결국 79세에 완성되었다.

### 현대에도 유용한 지식과 정보를 담고 있는 《임원경제지》

한 사람이 이처럼 방대한 지식을 정리했다는 것은 놀라운 일이다. 하지만 더욱 놀라운 것은 200년 전에 기록된 지식들이 오늘날에도 여전히 유용하다는 사실이다.

《임원경제지》 가운데 『정조지』는 우리나라 음식에 관한 지식을 담고 있는 책이다. 서유구는 『정조지』를 쓰기 위해서 250여 종의 관련 책들을 읽었다. 그리고 450여 종의 조리법을 『정조지』에 수록했다. '탁장면'은 동그란 면발에 우유와 육수를 부은 국수이다. 조선시대 사람들이 우유를 먹었을까 싶은데 우유를 육수로 한 국수가 있었다. 우유는 사실 삼국시대부터 먹었다는 기록이 있다. 심지어 우리나라에서 나지 않는 과일, 최근에야 수입해서 먹기 시작한 리치까지 소개되어 있다.

『섬용지』는 건축과 도구, 일용품에 관한 지식을 담고 있다. 한옥 건축가들은 『섬용지』의 지식이 여전히 유용하다는 것을 발견하고는 놀란다.

한문으로 쓰인 《임원경제지》는 아직 다 번역되지 못했다. 번역된 일부 내용만으로도 유용하다고 평가되는데, 완역된다면 우리의 지적 세계는 얼마나 더 커지고 다양해질 것인가. 그런 점에서 《임원경제지》와 편찬자 서유구에 대한 기대와 궁금증은 깊어만 간다.

### 가장 실학자다운 삶을 살았던 서유구

세계 최초의 백과사전은 브래태니커Britannica다. 그리고 가장 유명한 백과사전이기도 하다. 1768년 스코틀랜드에서 발간됐는데, 이는 혁명이라고 불릴 만큼 혁신적인 일이었다. 그전까지 지식은 일부 지식인들만의 전유물이었다.

하지만 브리태니커 발간으로 모든 사람들이 세상에 대한 방대한 지식을 알 수 있게 되었다. 그런데 브리태니커는 한 사람이 편찬한 작품이 아니다.

하지만 《임원경제지》는 오로지 한 사람이 만들어낸 커다란 성과다. 서유구가 철두철미한 실학자였기 때문에 가능한 일이었다. 조선 후기 실학자들이 희망했던 세상이 서유구의 《임원경제지》에 구체적인 지식으로 담겨 있다고 말할 수 있다. 백성들의 편안하고 윤택한 삶은 거창한 이념이나 구호 속에 있는 것이 아니라 실제적인 생활 하나하나를 어떻게 꾸려나가는가에 달려 있기 때문이다.

자, 이제 서유구의 삶 속으로 들어가 보자. 여든두 살의 나이로 세상을 떠날 때까지 어떤 삶을 살았는지, 삶의 결실인 《임원경제지》에는 어떤 내용이 담겨 있는지, 지금 우리에게 무슨 이야기를 전해주는지….

# • 차례 •

조선의 브리태니커라고 할 수 있는 백과사전

《임원경제지》를 편찬한 서유구는

영조 40년인 1764년, 서호수와 한산 이씨의 둘째 아들로 태어났다.

그의 집안은 대사헌이었던 할아버지 서명응,

이조판서까지 한 아버지 서호수를 비롯하여

선대 조상들이 조선에서 고위 관직에 오른 달성 서씨 명문가 집안이었다.

서유구는 어렸을 적부터 총명했고,

형과 사촌들과 함께 일찍이 글공부를 시작했다.

# 1장

# 어린 시절

❖

**1764년–1775년**

· 출생부터 12세 ·

## ■ 서유구의 어린 시절 활동

| | |
|---|---|
| **1764년(영조 40)** | 서호수와 한산 이씨의 둘째 아들로 태어나다. |
| **1766년(영조 42) 3세** | 유금의 지도로 글공부를 시작하다. |
| **1769년(영조 45) 6세** | 서철수의 양자로 들어가다. |
| **1770년(영조46) 7세** | 유금으로부터 『사기』를 배우던 중 유금과 예양에 관하여 논하다. |
| **1774년(영조 50) 11세** | 형 서유본과 빙허각 이씨가 혼인하다. |
| **1775년(영조 51) 12세** | 여산 송씨와 혼인하다. |

## ◈ 꿈에서 목은 이색 선생을 보고
   얻은 아이

　1764년 11월 10일, 조선 영조 40년이 되던
해였다. 바람이 제법 매서운 초겨울 밤이었다.

　"응애, 응애."

　아이의 우렁찬 울음소리가 집 안에 울려
퍼졌다.

　"대감마님, 건강한 사내아이입니다."

　사내아이가 태어났다는 말을 들은 서호수
는 문득 몇 주일 전에 꾸었던 꿈과 아내와 나
누었던 대화가 생각났다.

　"부인, 내가 어젯밤 태몽을 꾼 것 같소."

　"그래, 어떤 꿈을 꾸셨습니까?"

　"꿈속에서 하얀 수염을 길게 기른 도인이
나타나서는 내게 두 폭의 그림을 보여주지 뭐요?"

　"그리고요? 무슨 일이 있었나요?"

　"그중에 하나를 고르라고 하더이다."

　"그래 무엇을 고르셨나요?"

　"글쎄 내가 고른 것이 목은 이색 선생의 초상이었다오."

　"정말이십니까? 목은 할아버지의 초상이었다고요?"

목은 이색 선생

고려 말의 문신이며, 유학자다.
호는 목은이다. 어려서부터 남
달리 총명하고 지혜로웠으며,
14세에 성균시에 합격해 명성
이 자자했다. 성리학자로 이름
을 날렸으며, 포은 정몽주, 야
은 길재와 더불어 삼은으로 불
린다. 고려 말 공민왕의 개혁부
터 조선의 건국까지 역사적으
로 격동의 시기에 고려에 대한
절개를 지켜서 충절과 지조의
상징으로 꼽힌다.

**2 대사헌**
사헌부의 수장으로 종2품의 벼
슬이다. 중앙과 지방의 행정과
관리를 감찰하고 기강과 풍속
을 바로잡는 일을 했다. 또한
억울한 일을 없애주고, 분수에
넘치는 못된 짓도 막는 일을
했다.

"네, 부인, 아무래도 태어날 아이가 이색 선생처럼 학문이 뛰어난 충신이 될 모양이오."

아이의 아버지가 꿈에서 본 이색[1]은 조선 성리학의 기초를 닦은 고려 말 충신이었다. 조선 건국에 공이 컸던 정도전을 비롯한 고려 말과 조선 초 사대부들의 스승이며 정신적인 지주였던 분으로 유명했다. 게다가 망해가는 고려를 배신하지 않아 절개가 굳은 신하의 상징이기도 했다. 목은 이색 선생은 막 아이를 낳은 한산 이씨의 조상이었다. 어머니 한산 이씨는 이색 선생을 비롯해서 명문장가, 대학자들이 많이 배출된 훌륭한 가문 출신이었다.

찬바람을 뚫고 힘찬 울음을 터뜨린 이 아이가 바로 서유구다. 서유구는 아버지 서호수, 어머니 한산 이씨, 위로는 두 살 터울인 형 서유본과 아래로 남동생인 서유락, 서유비 그리고 두 여동생을 둔 화목한 집안의 둘째 아들로 태어났다. 그리고 아버지의 태몽이 암시했듯이 서유구는 매우 총명한 아이로 자라났다.

서유구가 태어났을 무렵 할아버지 서명응은 49세였으며, 대사헌의 벼슬을 하고 있었다. 서유구가 태어나기 십 년 전, 39세인 1754년(영조 30)에 대과에 급제했다. 이때부터 조정의 관리가 된 이래로 여러 중요한 직책을 맡으며 인정을 받고 있었다. 할머니는 전주 이씨로 선조의 맏아들인 임해군의 후손이었으며, 문장이 뛰어났던 이정섭[3]의 딸이었다. 아버지 서호수는 서유구가 태

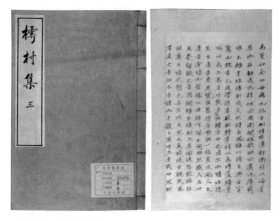

**3 이정섭(1688-1744)**
조선 제14대 선조(1552-1608)
의 맏아들인 임해군 이진
(1574-1609)의 후손이다. 자
는 계화, 호는 저촌이다. 문장
에 매우 뛰어났으며, 『저촌집』
이라는 문집을 남겼다.

이정섭의 문집인 『저촌집』

어나기 3년 전에 성균관에서 치러진 제술시험에 합격했지만 영조의 질문에

제대로 답을 하지 못해 벼슬에 나가지 못했다. 그러다 서유구가 태어난 이듬

해 대과에서 장원급제를 한 후 본격적으로 벼슬을 하게 되었다.

## 어려움 속에 시작된 영조시대

서유구가 출생했을 무렵 조선은 영조 임금이 40년
째 치세를 이어오고 있었다. 조선의 제21대 왕인 영
조는 조선의 왕들 중 가장 장수했으며, 재임기간도
52년으로 가장 길었다. 몸이 허약한 형 경종의 뒤를
이어 즉위했지만, 형을 독살했다는 풍문에 시달렸
고, 천민인 무수리 출신 어머니로 인해 소론의 반대
에 부딪혔다. 노론의 지원으로 왕위를 계승했지만,
노론의 힘이 너무 강해 왕권을 펼치기 어려운 상황
이었다. 이 때문에 영조는 즉위하자마자 탕평책을
실시했다. 탕평은 '어느 한쪽에도 치우침이 없고, 무
리 짓는 것이 없고, 왕의 뜻에 따라 탕탕평평'한 상
태를 뜻한다.

영조 임금의 어진

## 탕평책으로 붕당을 다스리다

영조는 정치적 입장이 달랐던 붕당, 노론과 소론의 우두머리를 불러들여 화목을 권하고 이
에 호응하지 않는 신하들은 몰아냈다. 노론과 소론 중 탕평책을 따르는 사람들만 등용했다.
관직도 노론과 소론을 섞어서 배치하는 인사정책을 펴나갔다. 또 일반 유생들이 당론에 대한
상소를 올리지 못하도록 하고 붕당 갈등의 중심이 된 이조전랑이 가진 삼사(三司: 사헌부,
사간원, 홍문관)의 인사권을 철폐했다. 자신의 확고한 뜻을 보이기 위해 성균관에 탕평비를
세우기도 하였다. 영조의 이러한 노력으로 중앙정계에는 노론, 소론, 남인, 소북 등 사색당파
가 고르게 등용되어 정국을 운영해나가기 시작하였다.

## 학문과 정책연구, 그리고 백성들을 위한 정책 실시

영조는 천한 신분 출신이라는 오명을 극복하기 위해 세종 임금처럼 학문연구에 매진했고, 정책결정에서 신하들에게 밀리지 않을 만큼의 실력을 쌓았다. 그리고 세제로 책봉되기 전 10년을 궁궐 밖의 집에서 생활했기에 백성들의 어려움을 잘 알았다. 이를 해결하기 위해 당시 백성들이 가장 고통스러워하던 군대 문제를 개혁하기 위한 균역법을 실시했다. 1년에 2~3포를 내야 하는 군포를 1포만 내면 군대를 면제해주도록 했다. 이마에 글씨를 쓰는 자자형, 발바닥을 지지는 낙형, 꿇어앉은 죄인의 무릎 위에 무거운 물건을 올려놓고 압력을 가하는 압슬형 등의 가혹한 형벌도 폐지했다. 『속대전』을 편찬해서 바뀐 법령을 보완하기도 하는 등 훌륭한 정책들을 펼쳐나갔다.

## 사도세자의 죽음과 세손 정조

영조는 나이 마흔두 살에야 비로소 아들을 얻게 되었다. 너무 귀한 나머지 낳은 다음 해 아이를 왕세자로 책봉했는데 그가 바로 사도세자, 정조의 아버지다. 그러나 사도세자는 왕이 되지 못한 채 아버지인 왕 영조의 명령에 의해서 쌀뒤주에 갇혀 죽게 되었다. 사도세자는 열다섯 살 어린 나이에 영조에게 업무를 이어받아 처리하면서 과도한 스트레스를 받았고, 그로 인한 정신병에 시달렸다고 한다. 정신병으로 갖은 악행을 저지른 사도세자는 결국 끔찍한 죽음을 맞이하게 된 것이다.

영조는 세자를 미워할수록 그가 낳은 아들인 정조를 더욱 아꼈다. 공부도 잘했고 영특한 정조를 할아버지 영조는 밖에 나갈 땐 늘 데리고 나갔다고 한다. 아버지 사도세자가 죄인으로 죽임을 당하자 영조는 정조를 왕위에 올리기 위해 죽은 큰아들 효장세자의 양자로 삼았다. 그러나 여전히 사도세자를 죄인으로 몰아 죽인 세력이 조정에 남아 있는 상태에서 정조는 여러 가지 위험과 위협 속에서 왕위에 오를 수밖에 없었다.

# 달성 서씨의 근거지 파주 장단

서유구의 집안은 경기도 파주 장단 땅에 근거지를 두고 있었다. 현재 이곳은 파주시 금릉면에 해당하며, 황해도 개성과 맞닿아 있다. 지금은 휴전선으로 막혀 위로는 더 이상 갈 수 없는 땅이 되었다. 하지만 분단 이전에 파주는 역사적으로 한반도 중앙에 위치해서 남북을 연결해주는 매우 중요한 지역이었다.

고려시대에는 수도 송도(개성)의 오른쪽에 위치해서 수도를 뒷받침하는 날개와 같은 역할을 했다. 조선시대에는 개성에서 서울로 오는 길목이며, 서해 바다로 연결되는 임진강을 낀 교통의 요지였다. 또한 이 지역의 드넓은 평야에서는 쌀을 비롯한 농산물이 생산되었고, 임진강에서는 물고기가 잡혔고, 목축도 발달해 있어서 먹을 것이 풍부한 살기 좋은 땅이었다. 뿐만 아니라 고려시대부터 중국 사절단의 왕래가 끊이지 않았으며, 조선시대 청나라의 선진문물이 서울보다도 빠르게 도달하는 곳이기도 했다.

이러한 특성 때문에 조선시대 많은 훌륭한 가문들이 파주 지역에 터를 잡고 가문의 근거지로 삼았다. 서유구 집안도 그런 가문 중 하나였다. 서유구는 본관[2]이 대구 달성인 달성 서씨다. 즉, 달성 서씨가 시작된 곳은 본래 대구 달성이다.

대구 달성에 근거해서 살던 조상들이 1500년대 중반 이후 파주로 옮겨 왔다. 파주로 처음 옮겨 오

---

**2 본관(本貫)**
조상들이 살던 지방을 일컫는 것으로 원적이라고도 한다. 달성 서씨라고 했을 때 달성이 바로 본관에 해당한다.

신 분은 서유구의 7대조 할아버지인 서성이다. 왜 달성에서 파주로 옮겨 왔을까? 과거에 급제하고 서울에서 벼슬을 하게 되자 자연히 서울로 이사를 할 필요가 있었다. 집안의 제일 웃어른이 서울로

현재는 비무장지대인 파주군 장단면

올라오고, 그 자손들 중에도 벼슬하는 자가 생기면서 하나둘 서울에 거처를 마련하게 되고 결국에는 집안 전체의 근거지를 옮기게 된 것이 아닐까. 서울 근처에서 살 땅을 찾다 파주 땅으로 이주하게 된 것이리라. 그 이후로 달성 서씨 집안은 파주 땅에 쭉 근거를 두어왔다.

　파주 땅 이곳저곳에는 서성 할아버지 이래로 집안의 어른들을 모신 묘소가 있었다. 파주 장단의 동원이라는 고을에는 서유구의 할아버지 서명응의 바로 아래 동생이신 충문공 서명선의 묘소와 묘지기의 집이 있었다. 동원에서 서쪽으로 8킬로미터쯤 떨어진 학산(백학산[3])이라는 곳에는 서유구의 고조할 아버지인 서문유와 그의 가족의 묘소가 자리했다. 동원에서 남쪽으로 8킬로 미터 떨어진 명고라는 고을에는 서유구의 작은할아 버지 서명성(서명응의 막냇동생)이 묻혀 있었다. 그러 니 파주 장단 지역의 동원, 동원의 서쪽인 학산, 남 쪽인 명고에는 달성 서씨 집안 조상들의 묘소가 자

3 백학산
경기도 파주시 군내면에 위치한 산으로 조선시대에는 장단도호 부에 속했던 산이다.

**4 호(號)**

본명이나 자 이외에 허물없이
쓰기 위해서 지은 이름을 일컫
는다. 본이름을 부르는 것을 피
하는 풍속 때문에 생겼으며, 한
국, 중국 등 동양에서 주로 사
용되었다.

리하고 있었던 셈이다. 나중에 서유구와 그의 가족
들이 묻힐 곳도 이곳이었다.

할아버지 서명선의 호4는 동원자, 아버지 서호수
의 호는 학산, 그리고 작은아버지인 서형수의 호는
명고, 형인 서유본의 호는 금릉이다. 모두 고향인
파주의 고을 이름을 딴 것이다. 파주 장단은 달성 서씨 집안 대대로 조상이
묻힌 곳이며, 서울에서의 고된 벼슬살이를 잠시나마 잊고 편안하게 쉬게 해
주는 휴식처, 고향이었다.

동원은 장단의 동쪽 끝인 일월봉 아래에 있는데 왼편으로 임진강이 흐른
다. 우리 할아버지의 동생이신 충문공(서명선)의 묘소가 그곳에 있고 묘소
로 가는 길과 묘지기의 집이 있다. … 장단은 조상들의 무덤이 있는 고을이
다. 동원의 서쪽 20리를 학산이라고 하는데 고조할아버지인 정간공 서문
유 이하 3대가 묻힌 곳이다. 남으로 20리를 명고라 하는데 할아버지의 막
내 동생이신 경재공 서명성이 묻힌 곳이다. …

해마다 봄가을로 조상에게 제사를 지내는데 우리 형제들과 아저씨 조카들
이 나란히 말을 타고 와 동원에서 하루를 자고 나서 서쪽과 남쪽으로 나누
어서 조상의 묘소로 간다. 돌아갈 때에는 다시 동원에 모여 술을 거르고 밤
을 쪄서 이웃 노인들을 불러 술도 권하고 노래도 하면서 밤을 새는 것을 즐
겨 하였다. 우리 집의 젊은이들은 평소 순박하여 법도를 지키느라 평상시
에는 문밖에서 놀지 않았고, 대신 해마다 한 날을 정해서 기분을 풀었는데
그럴 때마다 즐겨 찾는 곳은 항상 동원이었다. …

나는 학산을 오갈 때마다 충문공의 묘소를 참배하고 동원정사에서 쉬면서

건물에 적어놓은 글을 두루 살펴보았는데, 글을 보면 문득 눈물이 줄줄 흐르는 것을 막을 수가 없었다.

—『금화지비집』

## ◆ 서울에 거주하는 경화사족

파주 장단 지역은 달성 서씨가 달성에서 옮겨와 뿌리를 내린 고향이며, 조상의 묘가 있는 곳이며, 집안사람들 대부분은 서울에 거주했다.

달성 서씨 집안사람들은 주로 서울 남산 아래 지역에 모여 살았다. 남산 아래 지역은 궁궐과 가깝고, 집터도 매우 좋은 곳이라 높은 관직에 있는 사대부 양반들이 많이 모여 살았다. 그중에서도 특히 저동죽서라고 해서 저동의 동쪽과 죽동의 서쪽 지역에 명문가 집안의 집들이 주로 자리 잡고 있었다. 지금의 서울 중구 남학동 일대다.

달성 서씨 집안도 저동과 죽동 지역에 모여 살았다. 저동의 동쪽 지역에서 가장 큰 집이 작은할아버지인 서명선의 집이었다. 그곳은 명문가의 집답게 맑은 연꽃이 핀 연못과 괴이한 모양의 바윗돌들과 아름다운 파초꽃이 피어나는 정원이 있었다. 서유구의 할아버지인 서명응의 자손들은 주로 죽동의 서쪽 지역에 살았다. 할아버지 서명응의 집은 작았지만 청렴한 선비의 집다운 운치가 있었다. 서유구가 태어난 곳도 이곳 죽서였다.

지금과 마찬가지로 당시에도 서울과 지방의 경제, 문화적인 차이는 매우 큰 편이었다. 서울은 '번화한 서울'이라는 뜻의 '경화京華'라고 불렀다. 그리고

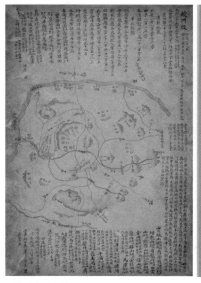

파주 장단의 고지도                 1824년(순조24) 김정호가 그린 한양 지도인 수선전도

조정에서 벼슬을 하면서 서울에 사는 가문은 경화사족京華士族으로 지칭되었다. 이들은 청나라로부터 들여온 새로운 학문과 문화를 일찍 받아들였으며, 18세기 중반 이후 새로운 학문과 문화를 이끌었다. 서유구 집안 역시 경화사족으로서 새로운 문화를 이끄는 중심에 서 있었다.

## ❖ 명문가를 이룬 조상들

서유구가 태어났을 무렵 달성 서씨 집안은 명문가로 널리 알려져 있었다. 서유구 집안은 숙종 때부터 조상들이 대대로 높은 관직을 역임하면서 명문가로 자리매김하게 되었다.

　파주로 본가를 옮겨 온 7대조 할아버지 서성(1558-1631)은 국방부 장관에
해당하는 병조판서를 역임하신 분이었다. 임진왜란이 일어났을 때 선조 임
금을 모시고 함경도로 피난을 갔고, 그곳에서 왕자인 임해군과 순화군을 지
켰다. 그러다 두 왕자와 함께 왜장 가토 기요마사에게 붙잡혔는데, 이때 기
지를 발휘하여 탈출한 충신이었다. 5대조 할아버지 서경주(1579-1643)는 선
조 임금의 사위가 되었다.

　이어지는 할아버지들의 활약상도 그분들 못지않았다. 4대조 할아버지 서
문유(1651-1707)는 교육부 · 문화부 장관이라 할 수 있는 예조판서, 증조할아
버지 서종옥(1688-1745)은 행정안전처 장관인 이조판서를 역임하였다. 서종
옥의 둘째 아들이 바로 서유구의 할아버지 서명응이다. 서유구가 출생했을
당시 할아버지는 지금의 감사원장이라고 할 수 있는 대사헌의 직책을 맡고
있었다. 작은할아버지 서명선도 영의정에 올랐다. 아버지 서호수 역시 벼슬
이 판서에 이르렀다. 오랜 기간 집안은 별 탈 없이 번성했으며, 서유구가 태
어날 무렵 최고조의 전성기를 누리고 있었다.

## • 서성(7대조)부터 서명응(할아버지)에 이르는 가계도 •

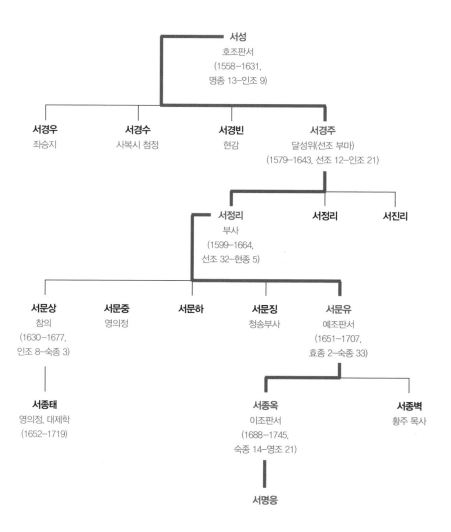

**서성**
호조판서
(1558-1631,
명종 13-인조 9)

**서경우**
좌승지

**서경수**
사복시 첨정

**서경빈**
현감

**서경주**
달성위(선조 부마)
(1579-1643, 선조 12-인조 21)

**서정리**
부사
(1599-1664,
선조 32-현종 5)

**서정리**

**서진리**

**서문상**
참의
(1630-1677,
인조 8-숙종 3)

**서문중**
영의정

**서문하**

**서문징**
청송부사

**서문유**
예조판서
(1651-1707,
효종 2-숙종 33)

**서종태**
영의정, 대제학
(1652-1719)

**서종옥**
이조판서
(1688-1745,
숙종 14-영조 21)

**서종벽**
황주 목사

**서명응**

조선시대 벼슬과 오늘날 직위 비교

조선시대 관직은 품계라고 해서 정과 종으로 나뉘었고, 다시 정과 종은 각각 1에서 9까지의 품으로 나누어 모두 18품계가 있었다. 숫자가 작을수록 높은 관직을 의미했다.

주요 품계가 어떤 벼슬인지, 오늘날의 공무원과는 어떻게 관련되는지 살펴보자.

| 계1 | 문관 | 무관 | 지방직 | 현대 |
|---|---|---|---|---|
| 정1품 | 영 · 좌 · 우의정 / 도제조 | 영사 / 도제조 / 대장 | | 국무총리 |
| 종1품 | 좌찬성 / 우찬성 / 판사 / 제조 | (의금부)판사 | | 부총리 |
| 정2품 | 지사 / 판서 / 좌참찬 / 우참찬 / 대제학 | 지사 / 제조 / 도총관 | 한성판윤 | 장관 / 차관 / 대장 / 도지사 / 서울시장 |
| 종2품 | 동지사/참판 / 상선 / 대사헌 / 제학 / 도승지 | 동지사 / 부총관 | 관찰사 / 부윤 / 병마절도사 | 차관보 / 중장 |
| 정3품 | 참의 / 직제학 | 첨지사 / 별장 | 목사 / 병마절제사 | 관리관 / 소장 |
| 종3품 | 집의 / 사간 | 대호군 / 부장 | 도호부사 / 병마첨절제사 | 이사관 / 국장 / 준장 |
| 정4품 | 장령 | 호군 | | 부이사관 / 대령 |
| 종4품 | 첨정 | 경력 / 첨정 | 군수 / 병마동첨절제사 | 중령 |
| 정5품 | 정랑 / 기주관 / 교리 | 사직 | | 서기관 / 소령 / 군수 |
| 종5품 | 도사 / 판관 | 도사 / 판관 | 도사 / 판관 / 현령 | 부군수 |
| 정6품 | 좌랑 / 감찰 / 정언 | | | 사무관 / 대위 / 면장 |
| 종6품 | 율학 / 주부 / 교수 | 수문장 / 장관 | 현감 / 병마절제도위 | |
| 정7품 | 박사 | 사정 / 참군 | | 주사 / 계장 / 중위 |
| 종7품 | 산사(호조) / 참군 | 부사정 | | |
| 정8품 | 대교 / 학정 | 사맹 | | 주사보 / 소위 / 준위 |
| 종8품 | 계사(호조) / 심률(형조) | 부사맹 | | |
| 정9품 | 정자 / 훈도 / 검열 | 사용 | | 서기 / 상사 / 중사 |
| 종9품 | 참봉 | 부사용 / 별장 | | 서기보 / 하사 |

# ❖ 조금은 복잡해진 가계

서유구를 낳고 기른 사람은 아버지 서호수, 그리고 어머니 한산 이씨다. 하지만 서유구의 서류상 아버지는 서철수이다. 여섯 살 되던 해, 서유구는 아들이 없어 대를 잇지 못하는 서호수의 동생 서철수의 양자로 보내졌다. 지금은 이상하게 들리지만 조선시대에는 흔한 일이었다. 아들만이 집안의 대를 이을 수 있다고 생각했고, 아들을 낳아서 대를 잇는 것은 사람으로서 마땅히

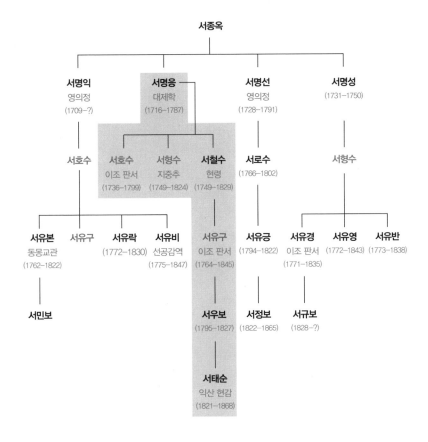

해야만 하는 도리라고 여겼다. 그런데 집안에서 양아버지에게 양자로 보내진 사람은 서유구만이 아니었다. 이 일은 할아버지대로 거슬러 올라간다.

할아버지 서명응은 사 형제 가운데 둘째였다. 형 명익, 동생 명선, 명성이 있었다. 그런데 할아버지를 제외한 나머지 형제들은 대를 이을 아들을 낳지 못했다. 그래서 결국 장남 서호수(서유구의 친아버지)를 형인 서명익의 양자로 보냈고, 둘째 아들 서형수를 막냇동생 서명성의 양자로 보냈다.

그런데 그다음에 문제가 벌어졌다. 다른 형제들에게 아들들을 입양 보내고 난 후, 정작 서명응은 자신의 대를 이을 아들을 더 이상 낳지 못했던 것이다. 하는 수 없이 서명응은 육촌 형 서명장의 다섯 아들 가운데 넷째인 서철수를 자신의 아들로 입양시켜 대를 잇게 하였다. 당시에는 육촌 이내의 친척들 중에서 양자를 데려와서 대를 잇는 일이 많았다.

하지만 이후 대에서도 대를 잇는 문제는 발생했다. 서명응의 친아들이자 서유구의 친부인 서호수는 네 명의 아들, 유본, 유구, 유락, 유비를 낳았다. 그런데 서명응이 아들로 입적한 서철수가 아들을 낳지 못한 것이다. 서철수가 아들을 낳지 못하고 대가 끊기게 되자, 서명응은 다시 친아들인 서호수의 둘째 서유구를 서철수의 아들로 입적해서 대를 잇게 한 것이다. 묘하게도 아버지 서호수가 자신이 친아버지인 서명응의 대를 잇지 못했고, 서유구 또한 친아버지인 서호수의 대를 잇지 못하게 된 것이다.

그렇지만 할아버지 서명응은 동생 서명성에게 입양 보낸 자신의 친아들인 서호수의 아들 서유구로 하여금 자신의 대를 잇게 했으니 결국은 자신이 낳은 아들의 아들로 대를 이은 셈이었다.

## ❖ 3세부터 시작한 글공부

명문장가와 대학자를 많이 배출한 외가와, 대대로 높은 벼슬을 한 조상이라는 친가의 핏줄을 타고 난 서유구는 어려서부터 남달리 총명했다. 서유구는 한창 어리광을 부릴 서너 살 무렵부터 글을 배우기 시작했다. 처음 그에게 글을 가르친 사람은 유금이다. 유금은 아버지 서호수와 가까이 지내던 분이었다. 당시에는 자식을 직접 가르치지 않고 친구에게 보내 가르치는 일이 흔했다. 유금과 글공부를 시작한 서유구는 7세가 되었을 무렵 『사기』[5]를 읽기 시작했다. 보통의 아이들이 이제 막 글공부를 시작해서 『소학』이나 『천자문』을 배울 시기였다. 중국의 역사서인 『사기』를 읽었다는 것도 놀랍지만 더욱 놀라운 것은 읽고 있는 내용에 의문을 가지고 스승에게 질문을 던지고 논쟁을 벌였다는 사실이다.

"스승님, 예양이 범씨와 중항씨를 임금으로 섬기다가 다시 지백을 임금으로 섬겼다고 하니 한 사람을 임금으로 섬기다가 또 다른 사람을 임금으로 섬기는 것은 군자의 도리가 아닌 듯합니다."

고작 일곱 살 먹은 아이가 스승에게 자신의 의견을 주저 없이 쏟아내었다.

"허어, 그리 생각되느냐. 하지만 예양에게도 이유는 있었다. 범씨와 중항씨는 예양의 가치를 몰라보고 그저 그런 보통 사람으로 대우했지만, 지백은 예양의 가치를 알아보고 그를 아끼고 극진히 대접하

---

5 『사기(史記)』
중국 전한 시대의 사마천이 쓴 중국의 역사서이다. 기원전 22세기의 전설상의 훌륭한 임금 중 하나인 요임금부터 기원전 2세기 말의 전한시대 무제까지를 다루고 있다. 위의 내용은 사기 중에 춘추전국시대의 자객의 관한 내용을 담은 「자객열전」에 소개되어 있다.

였다. 그러니 예양도 자신을 알아준 지백에게 보답한 것이다."

"하지만 스승님, 아내가 남편을 좋아하고 싫어하는 것으로 함부로 남편에 대한 신뢰를 저버려서는 안 되듯이, 신하는 임금이 자신을 아끼는지 아닌지를 따져서 임금에게 충성하고 안 하고를 결정해서는 안 되는 것 아닌가요?"

"어허, 그래, 네 말이 옳구나."

예양은 『사기』에 실려 있는 인물로 그가 생존했던 시대의 최고 자객으로 이름나 있었다. 예양은 자신을 제대로 알아준 지백이 조양자라는 사람에게 패하여 죽자, 지백의 원수를 갚으려고 비수를 품고 조양자를 암살하려 한 인물이다. 일곱 살짜리의 옹골찬 논박에 스승도 수긍할 수밖에 없었다. 그저 미소가 머금어질 뿐이었다. 하나를 가르치면 열을 깨치는 총명한 아이, 이런 아이를 가르치는 기쁨은 컸으리라.


## ❖ 또 한 사람의 스승,
    형수 빙허각 이씨를 만나다

형 서유본과 서유구는 스승 유금과 집안의 어른들로부터 글을 배우며 열심히 공부했다. 그러던 중 열세 살이 된 형이 빙허각 이씨와 혼인을 하게 되었다. 1774년 서유구가 열한 살 되던 해다. 형수가 된 빙허각 이씨의 집안 역시 달성 서씨 집안 못지않게 학문이 뛰어난 어른이 많은 집안이었다.

두 사람은 어떻게 혼인에 이르게 되었을까? 이조판서와 판돈령부사[6]를 지

**6 판돈령부사**
조선 태종 때 만들어진 왕과 왕
비의 친인척을 관리하던 관청
인 돈령부의 수장인 종1품의
벼슬이다.

낸 빙허각 이씨의 아버지 이창수는 딸을 무척이나 사랑했다. 이창수는 어린 빙허각 이씨를 무릎에 앉혀놓고 『소학』이나 『시경』 등을 읽어주었다. 그런데 그때마다 빙허각 이씨는 아버지가 읽어주는 소리만 듣고도 그 뜻을 이해했다. 참으로 영특한 아이였던 것이다. 이창수는 집에 오는 손님들에게 딸의 영특함을 자랑스레 말하곤 했다.

이창수의 딸이 매우 총명하다는 이야기를 전해들은 서유구의 할아버지 서명응은 직접 그 아이를 보고 싶어 이창수의 집을 찾아갔다. 빙허각 이씨 일곱 살 때였다. 빙허각 이씨와 이야기를 나눠본 서명응은 빙허각 이씨가 단번에 마음에 들었다. 그리고 그날부터 집안의 며느리로 삼기를 바랐다. 그리고 십여 년을 기다려 빙허각 이씨가 혼인하기 적당한 나이인 열여섯 살이 되자 큰손자 서유본과의 혼인을 서둘렀다. 서유본의 나이는 열세 살이었다.

전통혼례를 그린 〈혼례도〉

빙허각 이씨는 혼인 후에도 어떤 장애도 없이 학문을 계속할 수 있었다. 남편, 시동생(서유구)과 함께 시할아버지와 집안 어른들의 가르침을 받으며 공부했다. 시아버지 서호수는 빙허각 이씨에게 시동생 서유구의 공부를 도와주도록 당부하기도 했다. 여성이었지만 그만큼 빙허각 이씨의 학문은 매우 뛰어났다. 빙허각 이씨는 어린 서유구를 가르쳤을 뿐만 아니라 후에 《임원경제지》를 편찬하는 데에도 큰 도움을 주었다.

형이 혼인한 다음 해 서유구도 아내를 맞이했다. 서유구가 열두 살이던 1775년이다. 아내 여산 송씨는 서유구보다 네 살이 많았다. 형수 빙허각 이씨가 당시의 여성으로서는 보기 드물게 남자와 동등하게 학문을 하고 시동생을 가르치는 등 시대를 앞선 여성이었다면, 아내 여산 송씨는 평범한 여성의 삶을 산 사람이었다. 남편에게 순종하고 집안에서 며느리로서, 아내로서 해야 할 일들을 정성껏 챙겼다.

서유본, 서유구 형제는 당시로서도 비교적 어린 나이에 혼인을 했다. 하지만 형제는 어엿한 한 집안의 가장으로서 책임감을 느끼며 학문에 몰두했다.

형수가 된 빙허각 이씨가 집을 방문한 할아버지께 음식을 올릴 때 할아버지께서 물으셨다. "네가 『소학』 읽기를 좋아한다고 하더구나. 『소학』에 있는 가행과 선행들 중에 어떤 것이 본받을 만하더냐?" 그러자 빙허각 이씨가 대답했다. "말이 행동보다 앞서는 일은 감히 하지 않겠습니다." 할아버지께서 감탄하시며 말씀하셨다. "겸손하면서도 글을 아는구나. 누가 이 아이를 여자라 하겠는가?"

― 『금화지비집』

이제 혼인하여 상투를 튼 서유구는 본격적으로 학문의 길에 들어섰다.

때마침 조정에는 새로운 개혁군주인 정조가 즉위했다.

집안에 내려오는 가학과, 전통 성리학 등을 공부하면서

서유구는 자신만의 학문의 길을 닦아나갔다.

그 길에는 서유구를 이끌어주는 여러 스승들과 친구들이 있었다.

할아버지 서명응은 손자인 서유구를 아껴 글을 가르쳤고,

작은아버지 서형수 역시 서유구에게 글을 가르쳤다.

유금은 스승이면서 가까운 친구로서 서유구와 함께했으며,

박지원을 존경했던 서유구는 그로부터 문장을 배웠다.

그리고 결국 과거에 급제하여 조정의 관리가 되었다.

# 2장

# 학문의 길에 들어서다

1776년-1789년

· 13세부터 26세 ·

**1776년(정조 즉위) 13세**   서호수가 1차 청나라 사행을 떠나 《고금도서집성》을 들여오다.

**1777년(정조 1) 14세**   서명응이 규장각 제학에 임명되다. 형 서유본과 함께 유금, 서호수, 이덕무, 박제가 등이 참석하는 이조원 생일잔치에 참여하다. 평안도 관찰사였던 서명응과 함께 평양에 머무르다. 서명응으로부터 『당송팔가문』을 배우다.

**1778년(정조 2) 15세**   작은아버지 서형수로부터 오경사서, 『당송팔가문』, 『모시』(毛詩: 중국 한나라 때 모형이 지은 시집) 등을 본격적으로 배우다.

**1779년(정조 3) 16세**   풍석암이라는 호를 쓰다.

**1780년(정조 4) 17세**   할아버지 서명응이 규장각 제학에서 물러나다.

**1781년(정조 5) 18세**   본격적으로 자신의 글을 쓰기 시작하고 박지원으로부터 문장에 대한 지도를 받다.

**1784년(정조 8) 21세**   용주로 거처를 옮겨 할아버지 서명응을 모시는 한편 집중적인 학문지도를 받기 시작하다. 3월에 딸 노열이 태어났으나 50일 만에 죽다.

**1786년(정조10) 23세**   생원진사시에 합격하다.

**1787년(정조11) 24세**   학산병사에 머물다 3월에 돌아오다. 12월 20일 할아버지 서명응이 돌아가시다.

**1788년(정조 12) 25세**   『풍석고협집』 6권을 완성하다.

# 학문의 기초를 닦다,
## 서형수와 이의준

"자, 한번 따라 읽어보거라."

서유본, 서유구 형제와 삼촌이지만 나이가 비슷했던 서로수가 작은아버지 서형수 앞에 나란히 책을 펴놓고 앉아 있었다. 작은아버지의 서재 명고정사에서였다.

"천명지위성이요, 솔성지위도요, 수도지위교라."

"천명지위성이요, 솔성지위도요, 수도지위교라."

『중용』의 첫 부분이었다. 다들 따라 읽으며 뜻을 새겼다.

"무슨 뜻인지 알겠느냐."

"'하늘의 명령을 일컬어 성이라고 하고, 그 성을 따르는 것을 도라 하고, 도를 닦는 것을 교라고 한다'라는 뜻입니다."

서유본이 또박또박 대답했다. 그런데 서유구는 고개를 갸웃하며 눈썹을 찌푸리고 있었다.

"무슨 뜻인지가 분명하지 않습니다. 다시 한 번 풀어주십시오."

"사람의 심성은 하늘이 주신 것이요, 하늘이 준 심성을 따르는 것이 바로 도리요, 그 도리를 닦아나가는 것이 교육이라는 뜻이다."

그제야 서유구는 "아하, 그렇구나" 하면서 무릎을 쳤다.

서형수는 조카인 서유본, 유구 형제와 어린 동생인 서로수에게 사서오경四書五經7등의 유학 경전을 가르쳤다. 그뿐만 아니라 문장의 모범인, 중국 당나라와 송나라의 유명한 문장가 여덟 사람이 남긴 글을 가르쳤다. 십 대의 총명한 조카들과 동생에게 글을 가르치는 것은 즐거운 일이었다.

특히 서형수와 서유구는 작은아버지와 조카 사이였지만 문장에 대한 이해가 서로 비슷했고, 그런 만큼 마음이 잘 통했다. 서유구는 서형수의 학문하는 자세를 따라 배우고자 했다. 그저 앵무새처럼 따라 읽고 외우는 것이 아니라 끊임없이 문장의 의미를 의심하면서 깊이 이해하려고 노력했다. 그러는 동안 서유구의 학문은 점차 깊어졌다.

서형수가 조카들에게 『주례周禮』의 「고공기考工記」를 읽힐 때였다. 「고공기」는 중국 고대 주나라의 관직제도와 전국시대 각 나라의 제도를 기록한 내용이다.

「고공기」의 내용은 차량이나 무기, 가죽, 염색, 목공, 도공 등과 같은 기술 공예에 관한 것으로 매우 실용적인 지식을 담고 있었다. 조선시대는 사농공상8이라고 해서 생업에도 서열이 매겨져 있던 때다. 사대부 양반들은 공업을 천한 것이라 여겨 그것에 대해서 배우거나 익히지 않았다. 서형수가 그 글을 읽힌 것도 의외였지만 이 글을 읽은 서유구의 반응은 더욱 뜻밖이었다. 글을 읽은 후 서유구는 얼마나 깊은 감명을 받았던지 자기도 모르게 책상을 치면서 자리에 벌떡 일어섰다. 늘 읽던 글과는 달리 매우 세밀하고 구체적인 묘사와 실용적인 글의 내용이 서유구의 관심을 끌었던 것이다.

이렇게 서유구는 당시 선비들이 공부했던 성리학의 기본 교재들을 꼼꼼하게 배우면서 생각하는 힘을 길렀고, 학문의 기초를 탄탄히 닦아나갔다.

풍석자 서유구가 아직 스물이 되기 전 십 대 때에 나를 따라 오경과 사서, 그리고 당송팔가문을 읽었다. 의심이 나면 반드시 물어보고 의심이 완전히 풀릴 때까지 질문하였다. 한 가지라도 들어맞지 않은 것이 있으면 머리를 숙이고, 눈썹을 찌푸리면서 거듭 문장을 해석하는 것을 듣다가 자기가 생각하기에 약간 그럴 듯한 것은 말하지 않다가 꼭 들어맞는다 싶으면 말을 채 마치기도 전에 "아, 그렇구나"라며 기이하게 외쳤다. 옆에서 지켜보던 이들이 놀라면서 웃었으나 유구는 아랑곳하지 않았다. …

추억해보면, 내가 일찍이 명고정사에서 서유구와 더불어 주례의 고공기를 강독하였다. 때는 등잔불이 파랗게 빛을 밝히고, 가을 소리가 물결처럼 나무 사이를 감돌 때였다. 서유구는 고공기 몇 편을 낭송하더니 책상을 버리

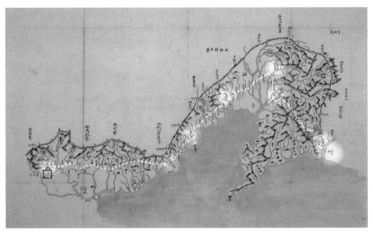

〈의주북경사행도〉. 조선 의주에서 중국으로 들어가는 책문을 거쳐서 북경까지 이르는 조선시대 숙종 이후의 청나라 사행단의 경로를 나타낸 그림이다.

치면서 일어나 말하기를, "대장부가 문장을 짓는데 마땅히 이와 같지 않으면 안 될 것입니다"라고 하였다. 이에 내가 웃으면서 고개를 끄덕였다.

— 『풍석고협지』, 서형수 서문

서유구에게 유학 경전만이 아닌 새로운 학문을 가르친 사람은 서형수만이 아니었다. 또 한 사람의 스승이 있었다. 오촌 아저씨인 이의준[9]이다. 그는 서유구에게 명물도수학名物度數學을 가르쳐주었다. 명물도수학은 증명에 의하여 법칙을 분석하는 학문, 즉 수학이나 물리학, 기하학, 천문지리학, 생물학 등에 해당하는 새로운 경향의 학문이었다.

## 가문의 독특한 학풍

조선은 성리학을 통치 이념으로 해서 세워진 나라였으며, 성리학은 조선 선비들의 기초 교양의 내용이 되었다. 성리학이 철학과 같은 추상적이고 관념적인 내용으로 되어 있다면 '명물도수학'은 구체적인 사물 세계를 대상으로 하는 매우 실제적인 내용으로 되어 있다. 당시로서는 새로운 학문이었으며, 일반적인 사대부 집안에서는 중요하게 생각하지 않을뿐더러 오히려 천한 학문으로 여겼던 분야다. 십 대의 서유구가 명물도수학이라는 새로운 학문까지 접할 수 있었던 것은 무엇보다도 서씨 집안의 독특한 학풍 때문이었다.

서유구 집안의 많은 어른들은 일찍부터 청나라의 사신으로 청나라를 방문했다. 그런 만큼 청나라의 발달한 문물을 남들보다 빠르게 접할 수 있었다. 청나라는 조선의 사대부들에게 새로운 문화와 학문을 전해주는 신세계였다. 아버지 서호수는 정조가 즉위한 1776년 청나라 사신으로 청나라를 다녀왔다. 학문에 깊은 관심을 가졌던 정조는 서호수에게 어떤 대가를 치르더라도 《사고전서》[10]를 구해오라는 명령을 내렸다. 《사고전서》는 중국의 궁중에서 소장하고 있던 책과, 전국의 민간에서 소장하고 있던 책들을 모두 모아 엮은 총서[11]였다.

청나라에 도착한 서호수 일행은 《사고전서》를 구할 수 없었다. 아직 편찬이 완료되지 않았기 때문이다. 그 대신 서호수는 《고금도서집성》[12]이라

**10 사고전서(四庫全書)**
청나라 건륭제의 명령으로 1772년에 시작되어 1781년 한 벌이 완성된 총서이다. 청나라 이전의 중국 문헌에 관한 정보를 알려주는 소중한 자료이다. '사고'는 당나라 현종이 장안과 낙양 두 도시에 사고를 각각 건설하고 4부의 전적을 수장했다는 것에서, '전서'는 중국 역대의 주요 서적인 경, 사, 자, 집의 4부를 의미한다. 총 3503종, 7만 9337권, 약 230만 쪽, 8억 자로 된 방대한 규모다.

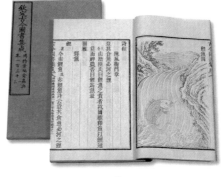

《고금도서집성》 중 한 권(위), 《사고전서》 중 경부 몇 권(아래)

**11 총서(叢書)**
일정하게 통일된 형식이나 체재로 간행된 여러 권으로 된 시리즈 책이다.

**12 고금도서집성(古今圖書集成)**
청나라 강희제 때 진몽뢰가 편찬을 시작해서 옹정제 때 장정석이 이어받아 1725년에 완성된 백과사전이다. 천문, 지리 · 풍속, 제왕 · 백관, 의학 · 종교, 문학, 과거 · 음악 · 군사를 담은 6휘로 되어 있으며, 1만권. 목록 40권, 32전과 6,109부로 되어 있다. 중국 최대의 백과사전이다.

**13 연행사(燕行使)**
조선 후기 청나라에 보낸 조선 사신을 일컫는 말이다. 조선 전기 명나라에 보내는 사신은 조천사라고 했지만 조선 후기에는 청나라의 수도인 연경에 가는 사신이라는 의미로 연행사라고 불렀다. 청나라의 수도가 심양일 때는 동지사라고 불렀다.

는 책을 가지고 조선으로 돌아왔다. 《고금도서집성》은 옛날古부터 지금今까지 발간된 도서를 각 주제별로 모은 백과사전 형식의 책으로 분량은 1만 권에 이르렀다. 서호수는 은자 2150냥을 주고 5020권을 구입해 왔다.

비단 아버지뿐 아니라 할아버지 서명응과 작은아버지 서형수도 연행사[13]로 청나라를 다녀온 적이 있었다. 그전에는 증조할아버지 서종옥, 고조할아버지 서문유도 청나라에 사은사[14]로 다녀왔다. 일찍부터 서양의 과학과 기술을 접했던 할아버지 서명응은 조선에서는 따라올 자가 없는 고증학과 명물학의 대가였다. 그리고 그 학문들을 자신의 학문체계에 반영해서 체계화한 대학자였다. 그중에서도 특히 할아버지는 선천학의 대가로 알려져 있었다.

서호수는 천문학과 수학, 기하학에 정통했다. 이 점은 아들인 서유본과 서유구의 이름에도 나타난다. 서유구의 이름에 사용된 모날 구榘 자는 일반적으로 사람 이름에는 잘 쓰이지 않는 글자로, 네모, 직각 등과 같은 기하학적 의미를 담고 있다. 또한 서유구의 자字[15]인 준평準平은 '평평하다'는 의미인데, 조선시대에 목수들이 사용하는 수평계를 지칭하기도 했다. 형 서유본은 혼원混原이라는 자를 가지고 있었는데, 근본 본本 자나 섞을 혼混, 근원 원原 모두 천문역학과 관련된 의미를 담고 있다.

서형수 역시 명물고증학과 경학[16], 양쪽 모두에 통달한 최고의 학자였다. 다른 집안에서는 볼 수 없는 독특한 서씨 집안만의 학풍이 할아버지 서명응에서부터 아버지 서호수와 작은아버지 서형수에 이르러 더욱 발전하고 있었다.

서유구의 형제들은 어릴 적부터 자연스럽게 집안 어른들이 생활하는 모습, 말씀 등은 물론이요, 직접적인 가르침을 통해서 그들의 독특한 학문 세계를 접할 수 있었다. 또한 서고를 가득 채우고 있는 다양한 중국 서적을 보고 읽으면서 성리학뿐만 아닌 자연과학이나 공학 등의 새롭고 다양한 학문의 세계를 경험할 수 있었다. 한창 학문을 배워 몸에 익혀가던 십 대의 서유구에게 이러한 가문의 학풍은 삶의 방향을 결정짓는 중요한 역할을 했다.

**14 사은사(謝恩使)**
조선시대 명나라와 청나라가 조선에 은혜를 베풀었을 때 이를 보답하기 위해 보내던 사절단이나 사신을 일컫는 말이다.

**15 자(字)**
본명이 태어났을 때 부모가 지어주는 데 비해 남자가 관례를 치르고 성인이 되었을 대 붙이는 이름을 자라고 한다.

**16 경학(經學)**
사서오경 등의 유교 경전의 뜻을 해석하거나 그것에 관해서 서술하는 학문을 가리킨다.

서유구 집안은 조선시대 일반 사대부 집안과는 달리 명물학, 고증학, 천문역학, 선천학, 기하학 등 새로운 학문을 수용하면서 독특한 학풍을 발전시켰다. 할아버지 서명응이 명물학의 대가였으며, 아버지 서호수는 천문역학 부분에 있어서 관상감의 관리들보다 뛰어났다. 거기에 기하학, 음악 등에도 조예가 깊었다. 고증학이나 명물학 등은 관념적인 성리학과는 달리 경험과 실증에 기반을 둔 학문 분야로 실학의 기반이 되는 학문이다. 이러한 새로운 가학의 풍토 속에서 자라난 서유구는 집안의 학풍을 이어받아 발전시켜《임원경제지》와 같은 실용백과사전을 편찬할 수 있었다.

일찍이 내가 공에게 묻기를, "도는 형이상이요, 예는 형이하입니다. 군자를 상을 말하지 하를 말하지 않는 법인데 공이 좋아하시는 것은 술을 가리지 않은 것은 아닌지요"라고 하였다. 그러자 공은 "그렇네. 나도 모르는 바 아니지만 대개 도라는 것은 형체가 없어 쉽게 현혹되는데, 기예에는 형상이 있어 거짓되기 어렵다네. 나도 도를 싫어하는 것은 아니지만, 말로는 도를 좋아한다고 하면서 실제로는 무도하며, 이른바 기예에 나아가서는 아무것도 얻음이 없음을 미워할 뿐이네" 하고 말하셨다.

—『명고전집』권8, 서형수와 서호수가 나눈 대화 중에서

■ 고증학: 명나라 말기 중국에 들어온 서양문물에 영향을 받아 일어난 학풍이다. 성리학과 양명학이 철학적이며 추상적인 문제를 다루었던 것에 비해 현실에 바탕을 두어 사실을 밝히고자 하는 학풍이다. 학문의 방법으로 꼼꼼하게 글자의 뜻을 밝히는 데 그 근거로 고서를 참고하는 실증적인 방법을 사용했다. 이러한 학풍은 이른바 경세치용經世致用, 즉 세상을 다스리는 데 실지로 도움이 되는 것으로서 사상과 학문은 사회 현실의 문제를 개혁하는 데 쓰여야 한다는 주장을 낳게 되었다. 고증학은 우리나라 실학에 직접적인 영향을 주었다.

■ **명물학**名物學: 명名은 이름을, 물物은 세상만물을 뜻한다. 문자 그대로 세상만물의 이름에 관한 학문이라는 뜻이다. 세상의 만물에 대해서 그 이름과, 성질, 형태 등을 파악하여 같은 종류를 모으고 비슷한 무리별로 나누는 연구를 한다. 박물학적 관심으로 만물의 성질과 생태,

역경에 기초해서 선천학의 학설을 주장하며 선천학에서 일가를 이뤘던 북송의 학자 소옹과 그가 만든 우주의 생성 원리를 설명하는 〈선천팔괘도〉

쓰임새, 가치 등을 연구하는 학문이라고 말할 수 있다.

■ **천문학**: 우주의 구조, 천체의 현상, 다른 천체와의 관계 등을 연구하는 학문이다. 서유구의 아버지 서호수는 정조 때 『서운관지』,『국조역상고』,『신법중성기』,『누주통의』 등 천문학 관련 책을 주도적으로 편찬했다.

■ **선천학**先天學: 선천학은 인간을 포함한 우주가 어떻게 생성되었으며, 운영되는가를 탐구하는 학문이다. 중국유학의 전통에서는 이러한 내용을 다룬 학문 분야는 역학에 해당한다. 고대 중국의 역학은 자연현상이나 인간현상의 변화법칙과 질서를 괘와 효라는 추상적인 부호를 통해서 표현하고 해석했다. 서명응은 선천학의 대가로 알려져 있다. 그는 현상을 탐구하는 물리학이나 천문현상을 연구하는 천문학 등 과학을 적용해서, 선천학의 전통적인 탐구 내용인 우주와 세상, 인간의 마음을 설명하고자 했다.

## ❖ 최고의 스승, 할아버지 서명응

십 대는 한 사람의 일생에서 가장 중요한 시기라고 할 수 있다. 이 시기에는 뇌가 스펀지처럼 지식을 흡수하고, 이때 배운 지식들은 거의 평생 유지되기 때문이다. 따라서 이 시기 무슨 공부를 어떻게 했는가에 따라서 한 사람의 인생이 좌우된다고 할 수 있다. 이러한 학습의 결정적 시기에 서유구는 소중한 스승들을 만나 귀중한 가르침을 받은 행운아였다. 모든 스승들 중에서 할아버지 서명응의 가르침은 서유구의 일생에 지대한 영향을 미쳤다. 만일 할아버지의 가르침이 없었더라면 아마도 《임원경제지》와 같은 방대한 저작은 이 세상에 빛을 보지 못했을 것이다.

할아버지는 손자들 중에서도 특히 서유구에게 지극한 사랑과 보살핌을 베풀었다. 물론 서유구는 자신의 직계로 이어지는 손자이기도 했고, 어릴 적부터 유달리 총명하기도 했다. 그런 손자이기에 서명응은 1776년 평안도 관찰사가 되어 평양으로 가면서 서유구를 데리고 갔다. 곁에 두고 가르치고 싶었던 것이다. 평양에 머무는 동안 할아버지는 『당송팔가문』[17] 등을 읽히고 서유구의 문장을 살펴주었다.

본격적인 가르침은 1779년 할아버지가 관직에서 물러나 용주[18]에 거주할 때 시작되었다. 할아버지는 『당송팔가문』 등의 문장을 가르치기도 했지만 할아버지가 편찬하는 책의 일부분을 서유구에게 맡겨서 자신의 학문과 사상의 핵심을 전수하고자 했다.

『본사本史』를 편찬할 때였다. 『본사』는 농사에 관한 책으로, 여덟 가지 곡식과 농기구, 농사기술, 채소와 과일, 나무와 꽃 등에 관해 적은 책이다. 책 제목을 '본사'라 한 것은 농사가 국가경제의 근본이라고 보았기 때문이다. 서명응은 12권까지 쓰고 난 후 나머지를 서유구에게 완성해보라고 했다. 서유구는 그동안 익힌 중국 역사책의 문장을 본떠 잘 써보려고 무진 애를 썼지만 잘되지 않았다. 고치고 또 고쳐 써봐도 완성할 수 없었다.

"할아버지, 소자는 도저히 완성할 수가 없습니다. 어찌 써야 할지 갈피를 잡지 못하겠습니다. 제 능력이 너무 부족합니다."

"내가 이 책을 왜 쓰려는지 아느냐? 백성들이 책을 펼칠 때마다 나무를 심고 가꾸는 방법을 쉽게 알아서 실지로 사용할 수 있게 하려는 것이다. 그런데 만일 어렵고 불분명한 말로 쓴다면 사람들이 쉽게 알아볼 수 있겠느냐. 그렇다면 이 책은 장독 덮개로 쓰이기밖에 더 하겠느냐."

할아버지의 말씀을 들은 서유구는 바로 무슨 말인지를 깨달았고 기쁜 마음으로 책을 완성했다. 할아버지는 서유구에게 『본사』를 편찬하게 함으로써 실용적인

**17 당송팔가문(唐宋八家文)**
중국 당나라와 송나라의 이름 난 문장가 8인의 글을 가리키는 말이다. 조선시대에 문장을 익히는 일은 관리가 되거나 공부하는 선비로 행세하기 위해서는 반드시 필요했다. 『당송팔가문』은 당시 선비들이 문장을 익히는 데 필요한 교과서와 같은 역할을 했다.

**18 용주**
용산강 북쪽의 지역으로 지금의 용산 근처이다.

서명응. 그의 가르침 덕분에 《임원경제지》가 빛을 볼 수 있었다.

글을 쓰는 방법은 물론이요, 경제의 기본이 되는 농학의 중요성을 알려주었다. 또한 선비가 실용적인 학문을 한다는 것이 왜 중요한가를 일깨워주었다.

1785년 서유구는 아예 할아버지 집으로 옮겨 함께 살았다. 할아버지, 할머니와 일상생활을 함께하면서 모든 것을 전수받았다. 아침에 일어나면 문안인사를 드리고, 끼니때마다 식사하는 것을 살펴드렸다. 할머니가 병을 앓고 계실 때라 할머니를 돌보는 것도 서유구의 몫이었다. 할아버지는 손자가 혹시나 웃어른들을 모시느라 공부할 시간을 빼앗길까 걱정했다. 하지만 서유구는 일상생활 속에서 할아버지를 모시면서 자연스레 깨우치고 배우는 것이 많았다. 할아버지와 책에 대해서 토론도 하고, 세상 돌아가는 이야기를 나누기도 했다.

> 이때 할아버지는 나에게 하늘 같은 존재로 완전무결하였다. 나는 아침저녁으로 침상에 문안을 올리고, 이르거나 늦거나 식사를 살펴드리고, 뜰에서 지팡이와 신발도 대령했고, 안석에서 붓과 먹도 준비해드렸다. 같은 자리에서 숨 쉬고 얼굴을 마주하며 서로 떨어지지 않고 같이 지낸 것이 손가락으로 꼽아보면 3년의 세월이었다. 매일 밤 깊이 고요하고 밝은 달이 집을 비출 때에 할아버지는 나를 이끌어 앞으로 나가도록 애써 주셨고 정성스럽게 가르치고 훈도해주셨다. 중국의 성왕인 삼황오제의 서적을 토론하기도 하고 혹은 옛날과 오늘날의 세상의 변화를 논평하기도 하였다. 촛불이 다 타도록 쉬지 않았는데 이와 같이 한 것이 3년 동안 버버 한결같았다.
>
> —『풍석고협집』

# ◆ 친구 같은 스승, 탄소 유금

서유구의 첫 선생님은 유금이었다. 유금(1742~1788)은 서유구가 세 살 어린 아이였을 때부터 수염이 다 자란 성인이 되었을 때까지 쭉 형 서유본과 서유구 형제를 가르친 선생이었다. 유금의 아버지와 서유구의 할아버지는 함께 공부한 사이였고, 유금과 서유구의 아버지 서호수도 가까이 사귀던 사이였다. 이런 인연으로 유금은 서유구 형제의 선생이 되었다.

세 살배기 어린 아이에게 글을 가르친 스승이었지만, 유금은 오랜 시간을 서유구와 함께하면서 서로 허물없이 친구처럼 지냈다. 글을 가르쳐준 것은 물론이고, 무릎이 닿을 정도로 가까이 붙어 앉아서 시와 문장을 논하기도 했고, 글씨나 그림, 그리고 서각[19] 작품을 놓고 함께 감상하고 품평하기도 했다. 활쏘기를 함께 익히기도 했으며, 강가로 놀러나가 거문고를 타며 술을 마시기도 했다.

서유구는 유금으로부터 글만 배운 것이 아니었다. 유금의 인품에서 또한 많은 것을 배웠다. 유금은 거문고 타는 것을 매우 좋아해서 이름까지 거문고 금琴 자를 넣어 바꾸어버릴 정도였다. 서자로 태어나 매우 가난하게 살았지만 학문을 할 때는 매우 정밀했으며, 끝까지 모르는 것을 파고드는 집요함이 있었다. 비록 남들이 다 알아줄 만큼의 대단한 학문을 성취하지는 않았지만 자신의 성품을 고스란히 학문의 세계로 가져왔다.
요컨대 남은 물론이요, 자신을 속이지 않은 사람으로서 서유구의 본보기가 되었다.

**19 서각(書刻)**
나무판자에 글씨를 조각하는 것

서유구는 세 살 때, 스물세 살이 더 많았던 유금을 스승으로 만났지만 서로가 서로를 가장 잘 알아주는 진정한 벗으로 평생을 함께했다.

탄소는 천문학을 연구했고 음악에 조예가 깊었다. 거문고에 벽이 있어 자기 이름을 금으로 바꾸고, 자를 탄소라 했다. 늘그막에 너무 가난한 나머지 쌀이 한 톨도 없었지만 유독 방을 깨끗이 쓸고 도서를 쌓아두고 시를 읊고 거문고를 타며 실의에 찬 불평스러운 마음을 표현했다. 을사년(1785) 늦가을 탄소와 내가 함께 부용강에 갔던 날이 기억난다. 강기슭 바위 위에 걸터 앉아서 비분강개한 마음에 술을 붓고 하늘을 우러러보며 구슬프게 노래를 부르고 거문고로 반주를 넣었다. 강가의 구름은 자욱하게 깔리고 흰 물결이 강기슭을 쳐서, 애처롭고 서글퍼서 암담한 기분이 들고 마음이 아팠다. 벌써 4년 전 일이다. 탄소는 더 불우해져 장차 검산에 초가집을 짓고 처자식을 이끌고 거기로 가서 여생을 보내려 했으나 이 역시 돈이 없어 이루지 못했다. 그랬는데 이제야 비로소 상여를 끌고 그리고 향하게 되었으니 너무나 슬프도다! …

탄소가 죽은 뒤 나는 때때로 그리운 생각이 들면 번번이 거문고를 연주했다. 연주를 마치고 머뭇거리며 우두커니 바라보면 행여 생전과 같은 소리가 들리고 모습이 보이는 듯하다. 하관할 때가 되자 나는 술을 붓고 다시 슬픈 곡조를 연주하여 애도하고 제목을 송원이라 했다.

ㅡ『풍석고협집』

거문고. 유금이 유달리 아끼고 즐겨 연주했던 악기이다.

## ❖ 문장의 스승, 박지원

연암 박지원은 문장이 새롭고 뛰어난 것으로 명성이 높았다. 아버지 서호 수보다 한 해 늦게 태어났으니 아버지와 같은 스승이었다. 연암 박지원은 북학파 선비들의 스승이며, 당시 젊은 선비들을 새로운 정신으로 이끌어가는 지도자의 역할을 하고 있었다. 서유구의 집안과 박지원의 집안은 혼인으로도 연결되어 있었지만 북학파 선비들과 아버지의 인연도 깊었다. 그러나 박지원을 서유구 형제에게 소개해준 사람은 할아버지였다. 할아버지 역시 문장이 매우 중요하다고 여기신 분이었다.

특히 박지원의 문장은 젊은 선비들 사이에서는 단연코 최고로 꼽혔다. 이전의 선비들은 술이부작 述而不作, 즉 중국의 명문장을 그대로 따라 쓸 뿐 자신의 문장을 만들어내지 않는 것을 좋은 문장을 쓰는 법으로 여겼다. 하지만 박지원은 달랐다. 그는 문장을 쓰는 데에 있어서 법고창신法古創新의 원칙[20]

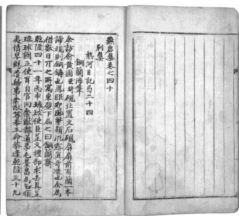

연암 박지원과 『연암집』

을 내세웠다. 즉 옛것을 법칙으로 삼되, 새로움을 창조하는 글쓰기였다. 그러려면 우선은 옛글을 아주 꼼꼼하게 잘 읽어나가는 것이 필요했다. 그렇게 해서 옛 문장을 잘 익히고 난 후에는 새로운 것을 만들어낼 수 있어야 했다. 즉, 당송의 유명한 문장들을 익혀서 그것을 그대로 따라 쓰는 것이 아니라, 새로움을 창조할 수 있어야 한다는 것이다. 그래야만 자신의 생각을 온전하게 잘 전달할 수 있다는 것이다. 이것이 연암의 문장을 접한 젊은 선비들이 그의 글에 반하지 않을 수 없는 이유였다.

서유구는 18세 청년이 되어 형과 함께 문장의 대가인 박지원 선생을 만나게 되었다. 매우 감격적인 만남이었다. 박지원은 서유구, 서유본 형제에게는 신화와 같은 존재였을 테니 말이다. 두 형제는 세검정 강가에서 만난 박지원으로부터 법고창신의 문장에 관해서 가르침을 받았다. 그 후 서유구는 글을 지으면 반드시 박지원 선생에게 보였다. 선생이 괜찮다고 해야만 다른 사람들에게 글을 공개했다. 그뿐만 아니라 늘 박지원의 글을 수집했고, 후배들에게도 연암 선생에 관한 이야기를 해주면서 후배를 이끌었다.

　박지원의 문장 수업은 서유구가 법고창신의 정신에 따라 문장을 만들어가는 데 중요한 역할을 했다. 이후 서유구는 풍석체라고 불리는 자신만의 독특한 문장 스타일을 완성했다. 박지원의 영향은 비단 문장에 그치는 것이 아니라 이후 서유구가 《임원경제지》를 쓸 때까지 이어졌다. 《임원경제지》에는 박지원이 지은 글이 많이 인용되어 있다. 박지원에 대한 존경심은 박지원이 죽은 이후 그의 손자인 박규수와의 인연으로 이어졌다.

### 북학파

북학파는 18세기 실학사상 중 청나라의 발달한 문물 수용을 주장하던 학파를 가리킨다. 북학은 17-18세기 청나라에서 일어난 학문을 조선에서 지칭하던 용어로 박제가의 『북학의』라

박제가의 『북학의』

박제가

는 책에서 비롯되었다. 북학파에 속하는 학자들은 대부분 청나라를 다녀온 경험이 있었다. 박지원은 물론이며, 박제가도 세 번이나 다녀왔다. 북학파들을 중상학파라고도 하는데, 청이나 일본이 발전할 수 있었던 것은 상공업 때문이라고 판단해서 조선도 상공업에 관심을 가져야 한다고 보았기 때문이다. 특히 대외무역의 중요성을 강조했다. 또한 수레와 벽돌의 사용 등 청나라의 기술이나 생활양식, 교통수단을 들여와 생활을 개선하자는 주장을 펼쳐서 이용후생학파라고도 한다. 이들은 서양의 과학기술과 자연과학을 배울 것도 주장했다. 이후 초기 개화파에 영향을 미쳐서 개화사상 형성에 토대가 되었다.

## 이조원의 생일잔치

서유구의 아버지 서호수는 북학파 학자인 박제가, 유득공, 이덕무 등과 가까이 교제하며 지냈다. 서호수가 유금과 함께 연행사로 청나라를 다녀온 후 서유구, 유금, 박제가, 이덕무, 유득공 등이 함께 모여 이색적인 생일잔치를 한 적이 있었다. 서호수와 유금은 각각 청나라로 간 목적이

청나라 화백 강개가 유득공에게 준 부채인 강개선면과 『한객건연집』

있었는데 서호수는 정조의 명으로 《사고전서》를 구입하는 것이었던 반면에 유금은 조선의 뛰어난 문장가들인 박제가, 유득공, 이덕무, 이서구 등 4인이 지은 『한객건연집』이라는 책을 중국에 알리기 위해서였다. 청나라에서 《사고전서》를 구입하려고 애쓰던 중에 《사고전서》가 아직 편찬되지 않았다는 것을 알려주고 대신 《고금도서집성》을 구입하게 도와준 사람이 있었는데 그가 바로 청나라 관원인 이조원이었다. 이조원은 유금이 가져온 『한객건연집』을 보고 놀라워하면서 이 책의 서문과 비평문을 써주었다. 이조원이 이들에게 베푼 호의에 감사한 나머지 이조원이 없는 조선에서 그의 생일잔치를 함께 열어주게 된 것이었다. 이 자리에는 서유본, 서유구 형제도 함께 있었다. 서호수와 유금을 통해 『한객건연집』이 중국에 소개되고 이를 중국의 대문인이 칭찬했다는 소식은 한양 도성에 화제가 되었고, 그로 인해 다음 사행단에는 박제가와 이덕무가 합류할 수 있었다.

# ❖ 평생의 벗들과 만남

한창 공부하며 자신의 생각과 문장을 만들어가던 수학기에 서유구는 평생을 함께할 벗들을 만났다. 그중 한 명이 남공철이다. 남공철은 서유구보다 네 살이 많았다. 남공철과 벗이 될 수 있었던 것은 할아버지 덕분이었다.

당송의 명문장들을 공부하던 때다. 어느 날 할아버지는 한 편의 글을 가져와 서유구에게 보여주고는 소감을 물었다. 서유구는 당연히 유명한 문장가가 쓴 글이라고 생각했다. 그만큼 뛰어난 글이었다. 하지만 뜻밖에 서유구보다 고작 네 살이 많은 남공철의 작품이었다. 놀라워하는 서유구에게 할아버지는 가까이에 문장을 가르쳐줄 사람이 있는데 왜 그를 찾지 않느냐고 하셨다. 말을 듣자마자 한달음에 남공철에게 달려갔다. 둘은 만나자마자 마음이 통했다. 옛날 문장가들의 글과 요즘의 글을 비교해보기도 하고, 어떻게 글을 쓰면 좋을지에 대해서 이야기를 나누고, 원 없이 마음껏 이야기를 나누면서 세상에 둘도 없는 벗이 되었다.

할아버지는 평상시에 다른 집안의 자제들을 눈여겨보았고, 자신의 손자들과 사귈 만한 좋은 인재들은 잊지 않고 서로 교유하도록 기회를 마련해주었다. 그중에는 심상규라는 친구도 있었다. 심상규는 서유구보다 두 살이 어렸지만 매우 총명해서 책을 다섯 줄씩 한꺼번에 읽는 친구였다. 이 둘이 벗이 된 것은 심상규의 아버지 덕분이었다. 서유구의 글을 본 심상규의 아버지가 놀라운 글솜씨라며 극찬을 했고, 아들 심상규와 서로 벗으로 사귀도록 만남을 주선해주었다. 당시 서로 왕래가 있는 사대부 집안끼리는, 상대방 집안

자식들이 어떻게 자라는지, 어떤 재주가 있는지를 살펴보면서 자식들이 서로 사귈 수 있도록 해주었다. 좋은 벗은 좋은 책 못지않게 사람의 일생에 큰 영향을 주고, 인생을 풍요롭게 해주기 때문이었다.

서유구는 벗들과 함께 경치 좋은 곳에 놀러가 시를 짓고 그림을 감상하기도 했고, 함께 글을 읽고 토론했다. 그리고 비슷한 시기에 과거를 보고 또 비슷한 시기에 급제도 했다. 그러니 비슷한 시기에 조정의 관리가 되어 함께 같은 기관에서 일도 하면서 평생을 함께하는 둘도 없는 친구들로 사귐을 이어갔다.


## ❖ 서재 풍석암을 만들다

서유구는 할아버지를 따라 용주에 살 때 자신의 서재를 만들었다. 경화사족으로, 조선에서 가장 많은 책을 보유한 집안의 자제였지만 서유구 자신은 가난한 선비였다. 그러니 원하는 만큼의 책을 사들일 여유는 없었다. 하지만 공부하는 기간이 늘어갈수록 책도 따라 조금씩 늘었다. 공부를 하는 학생의 입장에서 책은 세상 그 무엇보다 소중한 것이었다. 책이 없다면 세상과 사람살이의 이치를 배울 수 있는 길은 없었다. 책은 서유구 세계의 중심이었다.

그러했기에 가난한 살림살이에도 조금씩 아껴 책을 사 모았다. 『논어』, 『대학』, 『맹자』, 『중용』의 사서, 오경 등의 경서와 어릴 적 읽었던 『사기』를 비롯한 역사서, 『당송팔가문』 등의 시문집도 있었고, 제자백가[21]의 서적들도 제

제자는 여러 학자, 백가는 수많
은 학파라는 뜻이다. 중국 춘추
전국시대(기원전 8세기—기원
전 3세기)에 활약한 학자와 학
파를 가리킨다. 공자, 장자, 노
자, 묵자 등의 학자와 유가, 도
가, 음양가, 법가, 명가, 묵가,
종횡가, 잡가, 농가 등의 학파
가 있다.

**22 사부(四部)**

서적을 경부, 사부, 자부, 집부
등 크게 네 가지로 분류한 것이
다. 경부는 사서오경, 사부는
역사책, 자부는 병서, 집부는
시와 그림 등의 서적이다.

**23 창힐**

중국의 전설상 한자의 창조자
로 알려져 있는 인물. 머리에
눈이 네 개 있고 신명과 통하며
위로는 괴성(북두칠성의 방형
을 이룬 네 개의 별)의 둥글고
굽은 형세를 관찰하고 아래로
는 거북의 등껍데기 모양과 새
발자국의 형상을 살펴 아름다
운 것들을 널리 모아 글자를 만
들었다고 전해진다. 천지, 귀신
이 그것을 보고 감동하여 하늘
에서는 곡식을 내리고 귀신은
밤에 곡을 했다고 한다. 문자가
세상에 전해지자 이사는 창힐
이 쓴 28자를 보고 단지 8자만
을 알았다고 전해지고 있다. 현
대 학자들은 문자를 인류사회
의 집단적 창작이라고 여기는
데, 창힐은 중국 고대에 최초로
문자를 수집 정리하고 창조한
인물로서 오랜 기간에 걸쳐 그
에 관한 많은 신화와 전설이 생
겨났다.

법 모여 사부[22]를 다 갖추게 된 것이었다. 책을 보
관할 서장고가 필요했다. 책을 수집하고 정리하여
보관하는 것은 학문의 일부였고 서재를 만들고, 가
꾸어나가는 일은 사치가 아니라 학자에게 반드시
필요한 일이었다.

작은 서재 밖에 소박한 정원을 꾸몄다. 네모반듯
한 땅에 돌을 쌓아 계단을 만들고, 계단 위에 단풍
나무를 10여 그루 심어, 마치 비단이 둘러친 것처럼
꾸몄다. 그리고 계단 아래로는 작은 차밭을 만들었
다. 서재는 계단을 올라와 대여섯 걸음 간 곳에 안
채와는 등을 지고 앉았다. 대여섯 평의 서재와 스무
평 남짓한 정원과 차밭 이것이 서유구가 만든 서재
의 공간이었다.

서재의 이름은 풍석암楓石庵이었다. 풍석암은 글
자를 만든 창힐[23]이라는 중국의 전설 속의 인물이
머문 '풍楓림의 석石실'에서 따 왔다. 단풍나무 숲에
둘러싸인 돌로 만든 집인 풍림의 석실을 닮은 서유
구의 서재는 겉모습만이 아니라 그 의미 또한 따라
배우고자 했다. 풍석에서 창힐이 최초로 글자를 만
들었듯이 서유구도 풍석암에서 새로운 것들을 만들
어 나가겠다는 의지를 다졌다.

서재에는 책장을 만들어 책들을 올려놓았다. 한편에는 거문고를 놓아두었다. 책상 위에는 서유구의 미적 안목을 보여주는 듯 쓰러진 파초잎이 비바람에 반쯤 꺾인 형상을 한 우초연이라는 벼루가 놓여 있었다. 그가 가진 여러 개의 벼루 가운데 제일 아끼는 것이었다.

어느 더운 여름날 서유구는 이 벼루에 먹을 갈아 글을 썼다. 가만히 앉아 있기만 해도 땀이 흐르는 더운 날이었다. 하지만 마음속으로 창가에 빗방울이 떨어지는 날 파초가 심어진 정원을 바라보며 글을 쓰는 것을 떠올리자 더위가 가셨다. 이보다 더 좋은 피서가 있겠는가!

서유구가 처음으로 마련한 서재 풍석암에는 이후의 삶에서도 일관되게 유지된 생각들이 표현되어 있었다. 서재는 그저 책을 보관하고 공부를 하는 방이 아니다. 작은 방과, 그 방을 둘러싼 정원, 그 정원을 채우는 단풍나무들과 돌계단 등등 자연환경 전체가 어우러져 하나의 정신이 표현된 곳이어야 한다는 생각이다. 젊은이다운 기상을 표현하는 풍석암, 풍석은 그의 호가 되었다.

조카 유구가 용주에서 살 때 사방 1묘 되는 땅에 정원을 만들고, 돌을 쌓아 계단을 만들었는데, 계단 위에는 단풍나무 10여 그루가 비단 휘장처럼 서 있으며, 계단 아래에는 다포 몇 경이 밭두둑과 교차되어 있다. 계단에서 대여섯 걸음 가서 안채를 등진 곳에 서재를 만들었는데, 고요하고 정결하며, 거문고와 책이 기둥에 고여 있다. '풍석암'이라는 편액을 걸었으니 사실을 기록한 것이기도 하고 옛일을 기록한 것이기도 하다.

옛 기록에 이렇게 되어 있다. "빈사국에 단풍나무 숲이 6-7리인데, 숲 동쪽에 석실이 있다. 돌을 모아 상을 만들었는데 상 위에 죽간과 전문篆文이 있다.

예로부터 전하는 말이, 창힐이 글을 만든 곳이라고 한다.

책더미를 만들어 올려두고 서재를 만들어 놓았다. (그 모습이) 군데군데 구슬이 이어진 것처럼 벌여 있고, 여기 저기 빛나는 것이 별들이 제자리를 지키며 모여 있는 것 같았다. 또한 새벽부터 밤늦게까지 그 안에서 바깥에 아무런 일이 없는 것처럼 머무르고 있으니 내가 그의 뜻이 절대로 무너지지 않을 것임을 안다.

― 서형수, 『명고전집』

## ❖ 젊은 날의 초상, 풍석고협집

**24 성대중(1732-1812)**
조선 후기 문신으로 호는 청성(靑城)이다. 규장각 검서관으로 이덕무, 박제가, 유득공 등과 교유했다. 문장에 뛰어나 정조의 칭찬을 받았다. 아들은 성해응으로 서유구와 규장각 각신으로 함께 일했다.

**25 이덕무(1741-1793)**
조선 후기의 실학자로 호는 형암, 청장관 등이다. 어릴 때 몸이 약하고 가난해 정규교육을 받지 못했으나 가학으로 6세에 글을 익혀. 스물의 나이에 박제가, 유득공, 이서구 등과 함께 『건연집』을 내기도 했다. 뛰어난 실력이 정조에게 알려져 규장각 검서관으로 일했다. 글씨도 잘 쓰고, 그림도 잘 그렸다.

서재를 만든 서유구는 자신의 글들을 모아서 문집을 만들었다. 이 문집에는 1781년 18세부터 1788년 25세까지 쓴 글을 담았다. 작은아버지 서형수가 문집에 서문을 써주었다. 여기에 당시의 명망 있는 문장가였던 성대중[24], 이의준, 이덕무[25] 세 선배가 글마다 비평의 글을 적어주었다. 그의 글은 이십 대 청년의 글로는 나무랄 데가 없었다. 유금을 비롯해서 할아버지, 작은아버지 등의 스승으로부터 글쓰기에 대해서 배웠고 오랜 수련 과정을 거쳤기 때문이리라.

그는 문집에 '풍석고협집'이라는 제목을 붙였다. 풍석은 그의 호이며 서재의 이름과 같다. 고협에서 고鼓는 둥둥 치는 북을 의미하며, 협篋은 공부할 때 책을 넣어놓는 책상자, 즉 책가방을 가리킨다. 『예기』에, "학교에 들어갈 때는 북을 치고鼓 책상자篋를 여는 것은 그 학업을 공손하게 수행하라는 뜻이다"라는 구절이 있다. 이 말을 정현[26]이라는 사람이 "북을 쳐서 학생들의 주의를 기울이게 하고 책상자를 펴서 공부해야 할 경서를 꺼낸다"고 풀이했다. 즉, 고협이라는 말에는 학문에 나아가는 시기의 학생이라는 뜻도 들어 있었다. 풍석고협집이라

『풍석고협집』에 기록된 서유구의 초상을 상상해서 복원한 젊은 날의 모습

는 제목은, 자신의 호인 풍석에, 학생이라는 의미의 고협을 넣어, 창힐처럼 세상에 없는 것을 창조하는 학생의 글이라는 의미를 담고 있다. 자신의 장점을

26 정현
중국 한나라의 학자. 『예기』, 『논어』 등을 풀이하였다.

밖으로 자랑하지 않는 겸손이 미덕이던 당시로 보면 자신만만하고 패기 넘치는 청년 서유구의 색다른 일면이 엿보이는 부분이다.

특이하게 서유구는 문집에 자신의 초상화를 그려 넣었다. 게다가 친구인 심상규에게 자신의 초상화에 대한 감상의 글을 써달라 간절한 부탁까지 했다. 그 부탁을 적은 편지에 자신의 초상화에 대해 설명했다.

조선시대 유학자들이 머리에
쓰던 두건의 한 종류이다. 보자
기와 같이 하나의 천으로 둘러
쓸 수 있게 만들어서 보자기 복
자를 써서 복건이라고 부른다.
심의와 함께 착용한다.

**27 심의(深衣)**
조선시대 유학자들이 입던 겉
옷으로 흰색 천으로 만들며, 깃
과 소맷부리 등 가장자리는 검
은 비단으로 선을 두른다. 윗부
분과 아랫부분을 따로 재단해
서 붙이며, 12폭의 아랫부분이
몸을 감싸게 되어 있어 깊고 그
윽한 느낌을 준다.

**28 기·서·전·지**
**(記·書·傳·志)**
산문 문장의 형식을 가리키는
것으로, 기는 사물에 대한 기
록, 서는 편지글, 전은 인물에
대한 기록, 그리고 지는 역사에
대한 기록을 일컫는다.

"세로는 팔촌, 가로는 세로의 삼분의 이 정도의 크기인데, 초상화의 둘레에 동그랗게 선을 둘러 마치 거울을 마주보고 자기 모습을 비춰보는 형상을 하고 있습니다. 복건26을 쓰고, 심의27를 입고, 큰 띠를 두른 상반신에 한 손에는 책이 한 손은 허리에 두었습니다. 그리고 눈은 초롱초롱 생각이 모인 듯합니다. 그 생각이 무엇인지 글로 지어주시면 그 감사함을 잊지 않겠습니다."

덧붙여서 서유구는, 유교와 도교, 그리고 불교의 장점을 취해 글을 쓰려고 했지만 문장이 엉성하고, 어지럽고 어수선하다고 자신의 글을 평가했다. 그래서 책으로 묶기에는 부족한 점이 많지만 만일 심상규가 짧은 시를 몇 편 지어줘서 초상화 왼편에 싣는다면 그 덕분에 자신의 글도 소중하게 되리라 생각한다고 말했다.

모두 여섯 권으로 된 『풍석고협집』은 1권에서 3권까지는 서문, 기, 서를 담았고, 4권에서 6권까지는 전, 지28, 잡문 등을 실었다. 『풍석고협집』은 서유구의 젊은 날의 초상이라고 할 수 있다.

## ❖ 할아버지가 세상을 떠나다

1787년 유난히 뜨거웠던 여름이 막 지나가려던 무렵, 서유구에게 지극한 사랑과 정성으로 학문을 전수해주시던 할아버지 서명응이 세상을 떠났다. 할아버지의 나이 72세, 서유구의 나이 24세였다. 벼슬에서 물러난 후 세상을 떠날 때까지 십여 년을 서유구에게 집중적으로 학문 지도를 해주셨던 할아 버지였다. 서유구가 자신과 가문의 학문을 이어서 후대에까지 전해줄 것이 라 믿었던 할아버지, 손자와의 공동저작에 대한 기대감을 가졌던 할아버지 가 돌아가신 것이다. 하늘과 같았던 할아버지의 죽음은 서유구에게 깊은 자 책감과 함께 무거운 책임감을 안겨주었다.

할아버지가 돌아가신 후 서유구는 다시 남산 아래 집으로 돌아왔다. 할아 버지가 마련한 죽서의 작은 집, 할아버지의 서재였던 태극실에 거처하면서 공부를 이어갔다. 그리고 서유구는 1790년에 성균관에서 유생생활을 시작했 다. 성균관 입학 자격시험인 생원시는 이미 1786년에 합격해놓은 터였다. 생 원시는 오경과 사서 등의 유교경전의 실력을 평가하는 시험이었다. 서유구 는 생원시에 합격한 뒤 바로 성균관에 입학하지 않았던 듯하다. 할아버지가 돌아가신 후 성균관에 들어가 공부를 했고, 이후 대과를 거쳐 조선의 관리가 되었다.

조선시대에는 과거시험으로 나라의 관리를 선발했다. 문관을 뽑는 문과와 무관을 뽑는 무과, 그리고 역관, 의관, 천문관, 법관 등을 뽑는 잡과의 세 가지 종류의 시험이 있었다. 시험은 3년마다 한 번씩 정기적으로 치르는 식년시와 나라의 경사가 있거나, 인재의 등용이 필요할 때 부정기적으로 치르는 시험이 있었다.

## 문과

서유구와 같은 사대부 선비들이 주로 치르는 시험은 문과다. 문과시험에는 소과와 대과의 두 가지가 있었다. 소과는 대과의 예비시험이면서, 하급관리를 선발하는 시험인 생원진사시가 있다. 생원진사시에 합격하면 대과를 치를 수 있었고, 하급관리가 될 수도 있었다. 대과는 지금의 행정고시와 유사한 고급관리 시험이었는데, 초시, 복시, 전시의 3단계가 있었다. 초시는 각 도의 인구에 비례해서 240명을 선발했고, 복시에서 원칙적으로 최종합격자 33명을 뽑았다. 그러나 적게는 28명, 많게는 74명까지 뽑은 적이 있었으며 조선 후기로 올수록 정원을 초과하여 뽑는 수가 많았다. 전시는 국왕 앞에서 보는 시험으로, 여기서 갑과, 을과, 병과의 종류와 순위가 결정되었다. 전시는 관리인 시험관이 쥐고 있던 급제 결정권을 국왕이 직접 행사하는 데 그 목적이 있는 것으로서 왕권강화를 위한 하나의 방책이었다.

특별 채용도 있었다. 나이가 너무 들었거나 재주가 모자라는 사람을 대상으로 하급관리를 선발하는 취재, 기존의 관리를 대상으로 덕망 있고 학식이 풍부한 사람을 선발하는 천거, 그리고 2품 이상의 관리의 자제를 시험 없이 선발하는 음서가 그것이다.

## 무과

무관을 뽑는 무과 역시 초시, 복시, 전시의 3차 시험으로 이루어졌으며, 28명을 뽑는 것이 원칙이었다. 조선 후기에는 무과가 자주 실시되어 일반 양인은 물론 천인까지도 관직에 진출할 수 있었다. 시험과목으로는 무예(활쏘기), 법전인 경국대전, 병서와 경서, 기보격구(말을 타거나, 걸으면서 공을 치는 기술)를 보았다.

## 잡과

잡과는 서리 등의 중인이 주로 응시하였다. 4과(역과, 율과, 의과, 음양과)로 분야가 나뉘어져 있었으며, 초시는 해당 관청에서 선발하였고, 복시는 예조에서 관할하였다. 매 3년마다 분야별로 46명을 뽑았다.

서유구는 생원시에 합격한 후 성균관 유생으로 있으면서 왕 앞에서 보는 유생전강에서 우수한 성적을 거두어 바로 대과에 응시하게 되었다. 식년시가 아닌 나라의 경사로 인해 치러진 증광시에 응시해서 전체 47명의 합격자 중에서 병과 14등으로 급제하여 조정의 관리가 되었다.

과거시험 답안지 시권(試券). 초시인 진사시험의 답안지이다. 붉은 글씨로 차상(次上)이라고 등수가 매겨져 있다.

## 서명응 ◈ 1716–1787

- 서유구의 할아버지
- 조선 영 · 정조 시기의 대학자이며 실학자

서종옥(1688–1745)의 둘째 아들로 태어났다. 영조에 의해서 하급 관리로 발탁되었고, 이후 1754년 문과 증광시에 급제한 후 정조대까지 40여 년간의 관리생활을 하는 동안 승지, 부제학, 대사간, 대사성, 이조 · 호조 · 병조 판서, 판중추부사, 홍문관 대제학 등 중앙의 핵심 요직을 두루 거쳤다. 사행단의 일원으로 두 차례(1755–1756, 1769–1770)에 걸쳐 청나라를 다녀왔다. 그때 청의 발달한 문물을 접하고 500여 권에 달하는 서적을 구입해 연구하면서 자신과 가문의 학문이 발전할 수 있는 기초를 마련했다.

또한 왕세손이던 정조의 교육을 전담하면서 청년기 정조의 학문에 많은 영향을 미치기도 했다. 정조가 즉위 후 규장각을 설립할 때, 그를 규장각 최고 책임자로 임명했다. 서명응은 최고 책임자로서 설립 초기 규장각의 기구를 정비하고 국가 편찬 사업을 주도했다.

은퇴한 후에는 자신의 저술을 정리하면서 여전히 국가편찬사업에 참여했다. 정조는 서명응의 공적을 높이 평가하여 1781년에 '보만'이라는 호를 지어 주었고, 이듬해에는 『보만재집』 24권을 읽고 "우리 동쪽에서 400년간에 이런 거편鉅篇이 없었다"고 말했다.

서명응 할아버지

평생 저술을 정리한 『보만재총서』, 『보만재잉간』 등을 남겼다. 이 저술들은 사후에 아들인 서호수와 손자인 서유구가 정리 편찬했다. 『보만재총서』는 일종의 유서로서 『고사신서』와 함께 그의 농업을 중심으로 한 이용후생의 학문 정신을 대표적으로 반영하고 있다. 시호는 문정文靖이다.

### 서명선 ◈ 1728-1791

• 서유구의 작은할아버지

조선 후기의 문신. 자는 계증, 호는 귀천, 동원이다.

1763년에 문과에 급제한 뒤 교리, 지평, 헌납, 응교 등을 지내
고 1767년 문과 증시에 급제해 승지, 대사성, 대사헌, 부제학
등을 거쳐 1773년 이조참판이 되었다. 1775년 영조가 왕세손
에게 대리청정을 시행하려고 할 때 홍인한이 방해하자 홍국영
의 권유로 홍인한을 탄핵하는 소를 올렸다. 이어 대리청정이 실
시되자 그의 강직한 성품을 높이 산 왕세손에게 발탁되어 예조
와 이조의 판서를 지냈다.

서명선 할아버지

1776년 정조가 즉위한 후 수어사, 총융사, 공조판서 등을 거쳐 이듬해 우의정에 오르고, 다
시 좌의정을 거쳐 1779년 영의정에 올랐다. 홍국영과 함께 정조가 즉위하는 데 공을 세웠으
나 홍국영이 왕의 총애를 믿고 권세를 휘두르자 탐탁지 않게 여겼다. 이 무렵 홍국영이 봉조
하가 되어 권력에서 밀려났을 때 그를 비호하지 않았다는 이유로 홍낙순 등의 탄핵을 받기도
했으며, 1781년에는 홍국영이 죽자 송덕상이 그의 무리라며 탄핵했다. 공신을 대표하는 인
물인 데다 소론의 거두이면서 노론 벽파와 같은 입장이었으므로 남인인 채제공을 탄핵하는
등 왕의 기대에 부응하지는 못했다. 1783년 영의정에서 물러나 중추부판사가 되고, 1791년
중추부 영사가 되었다.

### 서호수 ◈ 1736-1799

• 서유구의 아버지

1756년(영조 32) 생원시에 합격했고, 1765년 문과에 장원급제하여 1766년 홍문관 부교
리로 관직생활을 시작했다. 1776년 정조가 즉위하고 도승지에 임명되었고, 이해에 청나라
사행단 일원으로 《사고전서》를 구하라는 정조의 명을 받아 청나라를 다녀왔다. 이후 대사

성 · 대사헌의 관직을 거쳐 규장각의 직제학이 되어 국가편찬사업에 주도적으로 참여하였다. 이후 규장각 원임직제학으로 활동하면서 이조 · 형조 · 병조 · 예조 등의 판서를 두루 역임하였다. 1790년 다시 두 번째로 청나라 사행단의 일원으로 청나라는 다녀왔다. 이때 쓴 여행일기가 『연행기燕行記』이다. 두 차례의 청나라 방문을 통해서 서적의 수입과 발달한 청나라 문화의 도입이라는 정조의 임무를 충실히 수행했다.

서호수는 사대부로서는 드물게 수학과 천문역학, 기하학 등에 뛰어났으며 18세기 중후반 조선을 대표하는 천문역산가로서 천문역법에 관한 지식은 관상감의 관원을 뛰어넘을 정도였다. 국가사업으로 진행되었던 『동국문헌비고東國文獻備考』의 천문학 편인 「상위고象緯考」를 책임집필했다. 「상위고」는 고대 이래 조선에서의 천문학 관련 국가사업의 연혁, 우주의 형체와 구조에 대한 역대의 이론들, 천체 운행에 관한 기본적인 천문학 이론들과 역대의 천문기루를 일목요연하게 소개 · 정리해놓은 문헌이다.

또한 영 · 정조 시기 조선의 천문학 관련 프로젝트를 도맡아 했다. 1770년을 전후해 이루어진 측우기 제도의 복원, 혼천의 중수, 국가의 표준시간체제의 정비 등등 수많은 프로젝트를 수행했으며, 농업에 관한 저서인 『해동농서』를 저술하기도 했다.

아버지 서명응으로부터 실용적이며 실증적인 가학을 물려받아 아들인 서유구에게 전수했으며 북학자, 실학자로 많은 업적을 남겼다. 시호는 문민文敏으로, "민첩하여 배우기를 좋아했으니 문文이요, 일을 크게 이루어서 공이 있으니 민敏이라 하였다."

## 서형수 ◇ 1749-1824

• 서유구의 작은아버지

조상의 덕으로 벼슬자리를 얻는 음보로 선공감가감역繕工監假監役으로 관리생활을 시작했고, 1783년(정조 7) 문과에 을과로 급제하였다. 광주목사와 영변부사를 지내고 1799년 사행단의 일원으로 청나라에 다녀왔다.

1804년(순조 4) 이조참판을 거쳐 이듬해 경기관찰사가 되었다. 1806년 우의정 김달순 등이 안동 김씨 김조순 등에 밀려 사사될 때, 이에 연루되어 전라도 18년 동안 유배생활을 하였다. 1823년 전라도 임피현으로 옮겨져 이듬해 그곳에서 죽었다. 『명고전집』이 있다.

서유구에게 유교경전을 비롯한 다양한 분야의 학문을 가르치며 이끌어주었다.

### 박지원 ◈ 1737-1805

박지원은 18세기 대표적인 북학파 실학자다. 호는 연암이다. 1780년 친척이 청나라 사행단으로 갈 때 동행하여 청나라의 발달된 문물을 볼 기회를 얻었다. 다녀온 후 청나라에서 경험한 내용을 담은 『열하일기』를 통해서 발달한 청나라의 문화를 소개했다.

연암 박지원

1786년 왕이 특명으로 벼슬을 시작해서 의금부 도사, 한성부판관, 안의현감, 면천군수 등을 역임했다. 왕의 명을 받아 농서 2권을 지어 올린 후 1800년 양양부사를 하다가 다음 해 벼슬에서 물러났다.

홍대용, 박제가 등과 함께 청의 발달된 문물을 수용하고, 수레와 화폐를 사용할 것을 적극 주장하는 북학파를 이끌었다. 이덕무, 박제가, 유득공 등이 그의 제자이다. 자유로운 문체로 글을 썼으며, 양반층의 타락을 고발하고 근대적인 인간상을 제시한 한문소설 여러 편을 써서 파문을 일으키기도 했다. 농업서적 『과농소초』와 양반 사회를 비판한 한문소설 『양반전』, 『호질』 등이 있다.

서유구는 박지원을 문장의 스승으로 삼아, 글을 써서 보여주고 지도를 받았다.

아스트롤라베

유금 ◈ 1741-1788

조선 후기 대표적인 실학자 중 한 사람인 유득공의 숙부로 박지원, 홍대용, 박제가, 이덕무, 이서구, 서호수 등과 교우한 북학파 실학자 중의 한 명이다. 평생 관직에는 나가지 않았고 학문과 예술을 즐기며 북학파 벗들과 교유한 인물이다.

유금은 거문고를 좋아하여 자를 탄소彈素라 하고 원래 이름이었던 련璉 대신 거문고 금琴 자를 써서 유금으로 개명하였다. '탄소'는 '탄소금彈素琴'의 준말로 소금을 연주한다는 의미이다. 유금은 음악뿐만 아니라, 인장을 잘 새기는 재주가 있었고 수학과 천문에 관심이 많았다. 자신의 서재를 기하학의 기하를 따서 '기하실幾何室'이라고까지 불렀다.

유금은 북경 연행을 모두 세 번이나 갔다 왔다. 물론 서자 출신이라는 신분 탓에 공식적으로 간 것은 아니었다. 하지만 이는 그의 인생에 커다란 영향을 끼쳤다.

저술은 거의 남아 있지 않다. 인장 새기는 것을 좋아하고 자신의 책에 인장 찍기를 즐겨한 그였지만, 그의 책은 거의 다 사라지고 없다. 그러나 그의 정성스러운 손길이 담긴 천문기구가 어느 날 갑자기 세상에 나타났다. 2002년 천문기구인 '아스트롤라베'가 공개되었는데, 1787년 유금이 직접 만든 것이다. 이것은 한ㆍ중ㆍ일 통틀어 자국에서 제작된 것으로는 현존하는 유일한 전형적 형태의 아스트롤라베이다. 동아시아 특히 조선시대 서양 근대과학의 전래와 수용을 고찰하는 데 귀중한 유물이 아닐 수 없다.

세 살 된 서유구에게 처음 글을 가르쳤으며, 오랜 기간 함께하며 서로를 잘 알아주는 친구와 같은 스승으로 남았다.

### 남공철 ◇ 1760-1840

자는 원평, 호는 사영, 금릉이다. 성대중, 이덕무, 서유구 등과 교유했다. 아버지 남유용이 정조의 스승이어서 1784년 음서로 세자익위사 세마가 되었다. 이후 산청과 임실 등의 현감을 지내다가 1792년 문과에 급제해 규장각 직각에 임명되었고 초계문신으로도 선발되었다. 이때 패관문학에 심취한 일로 정조의 꾸중을 듣고 반성문을 지어 올렸다. 이어 헌납, 대사성, 비변사 부제조, 강원도관찰사 등을 지냈다.

『귀은당집』

1800년 순조가 즉위한 후 다시 대사성에 임명되었다가 직제학이 되었다. 1823년 영의정에 오를 때까지 이조·공조·병조·예조 판서, 예문관과 홍문관, 규장각의 제학과 대제학, 의금부판사, 좌의정 등 여러 벼슬을 두루 지냈다. 이후 10여 년 동안 영의정에 있으면서 순조의 국정운영을 도왔다. 1833년 경강상인들과 시전 상인들이 짜고 쌀값을 크게 올려 도성 안 백성이 폭동을 일으키고 민심이 들끓자 법조문에 없다 해도 폭동의 원인이 된 경강상인들과 시전 상인들도 처형할 것을 주장했다. 그해 벼슬에서 물러나 봉조하가 되었다.

시와 글씨에 뛰어나 많은 금석문을 남겼다. 저서에 『고려명신전』, 『귀은당집』, 『금릉집』, 『영웅속고』, 『영은문집』 등이 있다

십 대 때부터 서유구와 교류했는데, 순조 때 서유구가 복직하는 데 많은 도움을 주었다.

생원시, 성균관 유생, 그리고 과거급제 후
서유구는 조선의 관리로서 나라 일을 시작하게 되었다.
정조가 즉위한 지 13년이 되던 해다. 초계문신이 되어
정조가 새롭게 설립한 규장각에서 할아버지, 아버지의 뒤를 이어
일하게 된다. 규장각에서 여러 책의 편찬 작업에 열중하는 아름다운
시절을 맞이한다. 훌륭한 임금과 좋은 벗들을 만나 함께 일했다.
이 시절 첫딸을 잃은 아픔을 극복하고 34세에 첫아들이자 유일한 아들인
우보를 얻는다. 그러나 기쁨도 잠시 우보를 낳은 지 4년 만인 36세에
아버지 서호수, 같은 해에 부인인 여산 송씨가 세상을 뜨고,
그다음 해 정조가 승하하고 만다. 순조 임금이 즉위한 후에도
중견의 관리로서 열심히 일하고, 지방의 수령을 하면서
백성들의 삶을 이해하게 되지만, 1806년 작은아버지 서형수가
김달순 옥사 사건에 연루되면서 관직을 떠나
18년간 농촌에서 은거하였다.

# 3장

# 나랏일을 하다

1790년–1806년

· 27세부터 43세 ·

**1790년(정조 15) 27세** 대과에 급제하고, 초계문신으로 선발되다. 규장각 대교후보에 오르다. 정조가 실시한 시경강의 시험에서 훌륭한 성적을 거두다. 「십삼경대」와 「농대」를 짓다.

**1791년(정조 15) 28세** 승정원 가주서에 임명되다. 작은할아버지 서명선이 사망하다.

**1792년(정조 16) 29세** 규장각 대교에 임명되다. 예문관 검열과 홍문관 정자를 겸하다.

**1795년(정조 19) 32세** 혼인한 지 21년 만에 아들 우보가 태어나다.

**1796년(정조 20) 33세** 규장각 원임대교로 『누판고』를 편찬하다.

**1797년(정조 21) 34세** 순창군수에 임명되다. 『향례합편』과 『육주약선』을 편찬하다.

**1798년(정조 22) 35세** 정조를 알현하고 순창 백성들의 문제를 호소하고 답을 얻다. 「순창군수응지소」를 올리다.

**1799년(정조 23) 36세** 아버지 서호수가 사망하다.

**1800년(정조 24) 37세** 정조가 승하하다.

**1801년(순조 1) 38세** 큰여동생 사망하다. 사헌부 장령으로 임명되고, 통정대부를 제수받다. 규장각 검교에 제수되다. 홍문관 부교리에 임명되다. 승정원 동부승지가 되고 좌부승지를 거쳐 형조참의에 제수되다.

**1802년(순조 2) 39세** 의주부윤에 임명되다. 여러 차례 사양하고 파직을 청한 끝에 부임하다.

**1804년(순조 4) 41세** 의주부윤에서 체직되다. 좌부승지에 제수되고 『정조실록』 편찬에 참여하다. 형조참의에 제수되다. 사직소를 올렸으나 불허되다. 여주목사에 임명되다.

**1805년(순조 5) 42세** 여주목사에서 체직되다. 실록교정당상에 임명되다. 성균관 대사성에 제수되고 승지반장에 임명되다. 계속 사직소를 올린 끝에 허락받다.

**1806년(순조 6) 43세** 홍문관 부제학에 임명되다. 16년간의 관리생활을 마무리하다. 1월 18일 작은아버지 서형수가 김달순 옥사에 연루되어 유배형에 처해지다.

# 정조와 서유구 집안의 인연

정조시대(1776-1800)는 조선 왕조가 부흥하고 문화의 꽃이 활짝 핀 조선 후기의 전성기이며, 르네상스라고 일컬어진다. 정조는 아버지 사도세자의 비극적인 죽음을 목격하는 힘겨운 어린 시절을 보낸 후, 할아버지 영조의 뒤를 이어 왕위에 올랐다. 영조는 탕평책을 써서 조정을 안정시켰지만 붕당의 세력은 여전히 조정을 위협하고 있었다.

정조는 아버지 사도세자를 죽음으로 몰아간 무리들이 왕이 된 자신을 불편해하고 언제든 없애버릴 기회를 노리고 있다는 것을 잘 알고 있었다. 따라서 왕위에 오른 정조가 해야 할 첫 번째의 일은 왕권을 강화하는 일이었다. 왕위에 오른 정조는 첫 번째로 중국 고대의 성인군주인 요·순·우 임금을 모범으로 삼아 스스로 그들과 같은 성인군주가 되겠다는 뜻을 밝혔다. 그리고 모든 강물을 비추는 밝은 달과 같은 존재라는 뜻을 가진 만천명월주인옹萬川明月主人翁을 자신의 호로 삼았다.

일단 정조는 위험이 도사리고 있는 자신의 생명을 지켜줄 친위부대인 '장용영'을 설치했다. 또한 문화, 사상적인 기반을 확고히 하고, 붕당에 상관없이 능력있는 인재를 기르기 위해

정조를 왕세손으로 책봉한 옥보(국새)와 죽책

정조가 사용한 만천명월주인옹 인장

즉위한 해에 '규장각'의 설치를 명했다.

　서유구의 할아버지인 서명응과 서명선은 정조의 이러한 뜻을 가까이에서 가장 잘 알고 실행에 옮긴 사람들이었다. 서유구의 작은할아버지인 서명선은 세손이던 정조가 위기에 몰렸을 때 그를 위해 목숨을 내건 충신이었다. 1775년(영조 51) 세손인 정조가 대리청정을 하는 것을 두고 정국이 혼란스러웠던 때가 있었다. 정조의 아버지인 사도세자를 죽이는 데 관련된 사람이 많았던 노론세력들은 정조가 왕위에 오르는 것에 대해 두려움을 느끼고 있었다. 이들이 정조의 대리청정을 반대하자 작은할아버지인 서명선이 나서서 이들 노론세력을 탄핵하는 상소를 올렸다. 서명선이 자신의 목숨을 내놓고 탄핵상소를 올린 덕에 결국 세손이던 정조는 대리청정을 하며, 이후 왕위에까지 오르게 되었다. 이런 서명선을 정조는 '의리의 주인'이라 부르며 아꼈다.

　작은할아버지가 정치 분야에서 정조를 가까이에서 도왔다면, 할아버지인 서명응은 학문 분야에서 정조를 도왔다. 세손이던 시절 정조에게 학문적 지도를 해주었던 스승이었다. 정조는 서명응의 학문을 높이 샀다. 서유구의 작은할아버지인 서명선은 정조가 세손이던 시절 정조의 왕위 계승을 반대하는 사람들에 맞서 목숨을 걸고 정조를 지킨 사람이었다. 또한 할아버지 서명응은 정조가 세손이었을 때 정조의 학문을 지도했던 사제지간의 인연이 있었다.

정조가 특히 서명응, 서명선 형제 등 서씨 집안사람들을 믿었던 이유는 이들은 붕당세력과는 거리가 멀었기 때문이었다. 그럼에도 자신을 위해 목숨을 걸었던 서명선이나, 자신에게 가르침을 준 서명응은 가장 믿을 수 있는 신하였을 것이다. 정조는 즉위하자마자 이 두 사람에게 중요한 직책을 맡겨 자신을 돕게 했다.

### 사도세자의 아들로 왕위에 오른 정조

14년이라는 길고도 위험한 세손생활을 견뎌낸 정조가 드디어 왕위에 올랐다. 정조는 영조의 큰아들(효장세자)의 양자로 입적해서 왕위에 오를 수 있었지만 즉위하자마자 자신이 사도세자의 아들이라고 천명한다. 정조는 오랜 시절의 스트레스를 술과 담배를 즐기며 이겨냈다고 한다.

### 규장각에서 자신의 인재를 키우고 등용하다

정조는 즉위한 후 왕권강화가 시급하다고 생각했다. 영조에 이어 탕평책을 실시했지만 영조와는 조금 달랐다. 우선 자신의 뜻을 따르는 신하를 직접 선발하고 교육하기 위해 규장각을 설치하고 초계문신제도를 실시했다. 이를 통해 젊고 능력 있는 많은 신하들을 발탁했다. 서유구를 비롯해서 정약용이나 유득공 같은 인재가 그들이다. 그리고 조선 임금 중에서 가장 많은 책을 편찬해냈다. 또한 왕의 직속 군대인 장용영을 두었다. 장용영에 기존의 군대가 가지고 있는 군사력을 상당 부분 옮겨두었다. 이렇게 어느 정도 왕권의 기반이 마련된 것이 정조 2년의 일이다. 장용영은 조선 최강의 전투부대로 정조가 즉위한 후에 훈련도감의 정예무사를 선발해 호위를 맡긴 것이 장용영의 시작이다.

수원화성

## 수원으로 천도를 계획하다

정조는 규장각과 초계문신제를 통해 정치적인 세력을 마련하고, 장용영을 통해 군사적 기반을 다진 후 마지막으로 지역적인 기반을 마련하고자 했다. 수도 한양에선 정조의 입지가 약했다. 그래서 정조가 발굴한 새로운 지역이 수원이다. 계획적으로 준비한 후 사도세자의 묘를 옮기며 화성 건축을 시작했다. 화성 건설에 필요한 돈은 한양의 재벌 상인이었던 경강상인들과 손을 잡고 재원을 마련했다. 그리고 화성 건축에 당시 조선의 모든 역량을 총동원했다. 정약용이 설계한 최신식 기술이 응집된 거중기가 도입되었다. 효율적인 방식으로 노동력을 활용해서 10년 계획의 화성 건축이 33개월 만에 완성되었다.

## 갑작스런 죽음으로 개혁이 중단되다

개혁정치도 단행했다. 금난전권을 폐지했고 도망 노비를 쫓는 관리인 추쇄관도 혁파했으며, 서얼허통법을 만들어 '아버지를 아버지라 하지 못했던' 서자의 처지를 개선했다. 정조는 개혁적인 제도를 시행만하고 끝난 게 아니라 제대로 운영되고 있는지 지속적으로 관리를 했다. 특히 백성의 삶과 직접 관련된 관리인 수령들에 대한 감시를 철저하게 했다. 다양한 개혁을 실시하기 위한 법전도 정비했다. 『대전통편』이다. 그런데 이렇게 정조의 새로운 꿈이 시작되는 단계인 1800년 정조는 갑작스러운 죽음을 맞게 되었다.

정조 개혁정치의 결과물 중 하나인 『대전통편』

# ♦ 초계문신이 되어
## 왕을 가까이에서 보좌하다

1790년 8월 서유구는 정조 앞에서 유생전강이라는 시험을 치렀다. 유생전강은 성균관의 우수한 학생들이 임금 앞에서 보는 시험이다. 이 시험에서 서유구는 최고등급인 순통[1]을 받았다. 시험의 결과에 따라 곧바로 대과를 치르라는 명령도 내려졌다. 그리고 이어서 실시된 임시 과거시험인 증광시[2]에서 14등으로 합격했다. 함께 과거를 본 사람들 중에 47명이 새로이 조선의 관리로 선발되었다.

서유구가 과거에 급제했을 당시 아버지는 청나라 사행에서 돌아오고 있던 중이었다. 조선의 국경에 들어서니 의주에 작은할아버지 서명선의 편지가 도착해 있었다. 서호수는 이 소식에 매우 기뻐했다. 그러나 한편 삼대가 임금의 은혜를 입었으니 어떻게 갚아야 할지 걱정스럽고 조심스러운 생각도 들었다. 또한 서유구가 과거에 급제한 이날은 바로 할아버지 서명응이 돌아가신 날과 일치했다. 할아버지가 저승에서도 서유구의 앞길을 열어주신 듯했다.

연이어 실시한 구술시험과 필답고사에서 훌륭한 성적을 올려서 초계문신으로도 선발되었다. 1790년 초계문신으로 선발된 사람은 모두 19명이었다. 여

---

**1 순통(純通)**
조선시대 경전의 시험의 성적 중 가장 우수한 등급을 가리킨다. 성적은 주로 순(純), 통(通), 조(粗), 략(略), 불(不)의 다섯 등급이나 순통, 순조, 순략, 불통의 네 등급으로 내었다.

**2 증광시(增廣試)**
왕의 등극이나 궁궐의 낙성, 세자의 혼례 등 조선시대 큰 경사가 있을 때 임시로 실시한 과거시험을 가리킨다.

**3 정약전(1758–1816)**
조선 후기의 문신이며, 정약용의 형이다. 천주교 등의 서학에 관심을 가졌고, 천주교 신자가 되었다가 신유사옥으로 흑산도로 유배되었다가 유배지에서 생을 마쳤다. 흑산도 주변의 다양한 어종과 해초 등의 생태와 습성을 연구한 『자산어보』를 저술했다.

기에는 정약용의 형인 정약전[3]도 있었고, 나중에 서유구 집안에 커다란 풍파를 가져온 사건의 발단이 되는 김달순도 있었다.

초계문신제도는 정조가 1781년부터 실시한 제도로 서른일곱 살 이하의 젊은 관리 중에 우수한 인재를 뽑아 규장각에서 재교육시키는 제도였다. 정조가 직접 성리학의 경전을 가르치기도 하고, 정기적으로 시험을 치르면서 자신이 생각하

사람 이름 아래 표시된 권점

는 개혁 정치를 실행해 나갈 인재를 교육시켰다.

초계문신으로 선발된 날 규장각 직각과 대교라는 직책에 적합한 사람도 함께 선발했다. 서유구와 친구인 심상규가 윗사람들로부터 권점[4] 5점이라는 점수를 획득해서 나란히 규장각 대교 후보가 되었다. 대교의 직책은 1년 먼저 과거에 급제한 친구 심상규

**4 권점(圈點)**
조선시대 중요 관서의 관원을 임명하기 위해서 시행되던 제도이다. 관원을 추천할 수 있는 사람들이 한자리에 모여 추천대상자들의 명단 위에 각기 권점(○표)을 하고, 그 수를 집계하여 일정 점수를 받은 사람을 추천한 예비선거제도이다.

에게 돌아갔다. 하지만 과거에 급제하자마자 규장각 대교 후보가 되었다는 것은 서유구의 실력이 뛰어났음을 알려준다. 또한 서유구에 대한 정조의 관심과 애정이 얼마나 극진했는지 보여주는 증거이기도 하다.

초계문신으로 선발된 서유구는 승문원[5]의 부정자라는 관직을 받았고, 그 이후에는 가주서로 임명되었다. 승문원은 외교문서를 보관하고 작성하는 일

1664년 함경도 길주에서 실시된 문·무과 시험 장면을 그린 그림

5 조선시대에 승문원, 성균관, 교서관을 3관이라고 불렀다. 승문원은 외교문서의 보관과 작성 등 외교에 관한 문서를 맡은 관청이며, 교서관은 책을 만들고, 관리하며 제사를 관장하고 축하전문을 보내는 것을 담당하던 관청이다. 정조 5년에 규장각에 통합되었다 성균관은 고려시대부터 최고 교육기관으로 국립대학에 해당한다. 문과에 급제한 관리들은 성적 순으로 승문원, 교서관, 그리고 성균관에 각각 발령이 났다.

을 하는 외교부에 해당하는 관청이었는데 문과에 급제한 사람들 중에서 가장 뛰어난 사람들이 발령을 받는 곳이기도 했다. 승문원에서 서유구에게 처음 내려진 부정자 관직의 임무는 책이나 문서의 문장을 교정하는 정자를 보조하는 것이었다. 가주서는 왕의 비서실인 승정원의 주서가 자리를 비웠을 때 그 임무를 대신하는 자리였다. 비록 낮은 직급의 관직이었지만 가까운 거리에서 정조를 보좌하는 일이었다. 정조가 대신들을 만나는 자리나, 정조가 학문을 연구하는 경연 자리나, 바깥으로 행차할 때에도 늘 함께하는 앞길이 매우 밝은 관직이었다. 서유구는 1791년에 정조의 수원행차에도 따라갔다.

관직생활을 시작한 서유구는 드디어 조선왕조실록 등의 공식적인 문서에 이름이 오르게 되었다. 물론 서유구가 조선의 공식문서에 처음으로 이름이 오른 것은 이날이 아니었다. 이미 서유구는 1776년, 열세 살의 나이로 전국의 유생들과 나란히 탄핵상소에 이름을 올렸다. 세손이던 정조의 대리청정을 반대하는 노론세력에 대한 탄핵상소였는데, 작은할아버지 서명선이 이를 주도했다.

　이후 서유구의 이름은 수없이 등장한다. 그런 만큼 그는 정조의 개혁정치를 수행하는 신하로서 많은 일들을 해냈다. 서유구의 이름은 『조선왕조실록』에 62번, 『일성록』에 505번, 『승정원일기』에 1273번, 『내각일력』에 2788번이나 기록되어 있다. 동시대에 함께 일했던 정약용이 각 기록에 38번, 189번, 609번, 261번 나왔다는 점과 비교해보면 서유구가 조정에서 얼마나 활발하게 일했는가를 짐작할 수 있다.

## 규장각

'규장奎章'은 임금의 시문이나 글을 가리키며, 본래 규장각은 역대 왕의 글과 책을 수집 보관하는 왕실도서관을 가리킨다. 정조는 규장각을 자신이 구상한 개혁정치를 실시하기 위한 기구로 새롭게 설립했다. 정조는 규장각 관원들과 정책을 협의하고, 문화와 교육을 일으키고 타락한 풍습을 교화하는 기구로 만들고자 하였다. 이를 위해 학문에 뛰어난 인재를 선발하기 위해 과거 시험을 주관하고, 문신들을 교육하는 기능도 규장각에 두었다. 규장각은 조선 후기 문화부흥을 불러온 중심기관으로 많은 책을 편찬했으며, 실학자와 서자 출신의 인재도 채용했다.

〈규장각도〉. 정조가 영조의 글을 봉안하기 위하여 즉위한 해인 1776년 창건한 규장각 전경을 그린 그림. 단원 김홍도(1745~1816)가 32세 때 그린 작품이다.

## 규장각 관원의 선발과 규칙

정조는 규장각에 힘을 실어주기 위해 당대 최고의 인재들을 규장각 관원으로 선발했다. 또한 규장각의 각신은 임명될 때 일반적으로 이조에서 발행되는 사령장인 교지 형식이 아닌 훈신이나 공신 등에게 직급을 내릴 때 사용하던 방식인 교서를 내렸다. 정조는 규장각 신하들이 학문에만 전념할 수 있도록 여러 가지 특권을 주었다. 그 예로 규장각에 네 개의 수교현판을 내렸다. '수교'란 임금이 내리는 가르침을 일컫는 말로서, 수교현판에는 규장각의 운영에 대한 왕의 명령이 적혀 있다. 그 내용은 다음과 같다.

손님이 오더라도 일어나지 말라.

각신은 근무 중에 관을 쓰고 의자에 앉아 있으라.

비록 대관과 대제학이라도 전임 각신이 아니면 당 위에 오르지 말라.

모든 각신은 근무 중에 공무가 아니면 청을 버려가지 말라.

## 규장각의 부속건물

규장각은 각신들이 모여 연구하는 규장각 이외에 여러 부속건물들이 있었다. 창덕궁의 정문인 돈화문 근처에 사무실에 해당하는 이문원을 두었고, 역대 왕들의 초상화, 어필 등을 보관한 봉모당을 비롯하여 국내의 서적을 보관한 서고와 포쇄(서책을 정기적으로 햇볕이나 바람에 말리는 작업)를 위한 공간인 서향각, 중국에서 수입한 서적을 보관한 개유와와 열고관, 그리고 휴식 공간으로 부용정이 있었다.

개유와와 열고관에는 청나라에서 수입한 《고금도서집성》(5022책) 등을 보관하였는데, 이러한 책들은 청나라를 통해 들어온 서양의 문물을 연구하는 데 큰 도움이 되었다.

부용정에서는 정조가 규장각 신하들과 그 가족들을 불러 함께 낚시를 즐기기도 했다.

규장각의 설치 의의와 관련 규정을 수록한 책인 『규장각지』 책머리에 정조의 서문이 있으며, 규장각 연혁과 조직과 기능, 소속 관원이 임명과 담당업무, 서적편찬과 관리규정과 초계문신제의 운영원칙 등이 상세히 기록되어 있다.

### 초계문신의 자격

정조는 규장각에서 젊은 관리들을 재교육하는 초계문신제도를 새로 만들었다. 초계문신제도
는 이미 과거에 급제한 사람 가운데 당하관 출신의 37세 이하의 젊은 인재를 뽑아 3년 정도
특별한 교육을 시키는 제도였다. 초계문신으로 선발된 이들은 본래 직무를 면제하고 연구에
전념하게 했다. 1개월에 구술고사 '강경講經'을 2회, 필답고사 '제술製述'을 1회 치러 연구 성
과를 평가했다.

정조가 친히 강론에 참여하거나 직접 시험을 보게 하여 채점하기도 하였다. 교육과 연구의
내용은 물론 유학을 중심으로 하였으나 문장 형식이나 공론에 빠지는 것을 경계하고 경전의
참뜻을 익히도록 하였다. 40세가 되면 졸업시켜 익힌 바를 국정에 적용하게 하였다. 정조는
초계문신제도에 지대한 관심을 가지고 이후 20년간 초계문신교육을 이어갔다. 또한 여러 가

정조의 정신적 친위부대였던 초계문신과 더불어 정조의 친위부대였던 장용영

지 장려책을 실시하여 초계문신들을 격
려했다. 오늘날 공무원재교육 제도와
유사한 이 제도의 시행을 통해 정조는
학문적 성과를 바탕으로 한 개혁정치를
추구하였다.

### 초계문신의 선발

초계문신의 선발은 1781년에 시작되
어 정조가 사망한 1800년까지 19년
동안 10여 차례에 걸쳐 이루어졌으며
총 138명을 선발했는데 이들의 명단은
『초계문신제명록』에 기록되어 있다. 서

유구의 작은아버지인 서형수는 1781년 처음 초계문신으로 선발되었고, 이때 선발한 사람이 작은할아버지 서명선이었다. 서유구의 벗인 심상규는 서유구보다 한 해 먼저인 1789년에, 남공철은 서유구보다 한 해 뒤인 1791년에 초계문신으로 선발되었다.

## 정조의 친위세력인 초계문신

초계문신제도는 정조의 친위세력을 양성하는 정치적 장치이기도 했는데, 가장 대표적인 인물이 정약용이다. 이외에도 서유구, 홍석주, 김조순, 김재찬 등 초계문신들은 당대 최고의 학자와 관료가 되어 19세기 정치와 문화를 주도하였다. 정조는 당파나 신분에 구애 없이 젊고 참신한 능력 있는 젊은 인재들을 규장각에 모아 개혁정치의 동지로 삼았다. 이를 통하여 정약용을 비롯해 걸출한 학자들이 많이 양성되었는데 특히 박제가, 이덕무, 서이수, 유득공과 같은 서자들을 적극적으로 등용한 점이 주목된다.

『초계문신제명록』

## ❖ 규장각과 서유구 집안의 인연

규장각의 초계문신이 된 서유구의 마음가짐은 남달랐다. 규장각, 그리고 초계문신은 서유구의 집안과는 남다른 인연이 있었기 때문이다. 규장奎章은 임금이 직접 만든 물건이며, 규장각은 규장을 보관하는 곳이니, 왕실도서관과 같은 곳이다. 하지만 정조는 단순한 왕실도서관을 짓고자 한 것이 아니었다.

창덕궁에서 가장 경치가 아름다운 곳에 2층으로 된 규장각이 지어졌다. 정조는 규장각을 자신이 하고자 하는 혁신정치의 중심이라고 선언했다. 왕실도서관이었던 규장각은 차츰 학술 및 정책 연구기관으로 자리매김했다. 도서들을 수집하고, 편찬하며, 학문을 연구하는 중심기관이자 정조의 개혁정책을 뒷받침하는 핵심정치기관으로 거듭나게 되었다.

할아버지 서명응은 규장각 건물이 어느 정도 완성된 1776년 9월 25일로부터 한 달이 채 안 된 10월 18일 규장각을 책임지는 규장각 제학으로 임명되었다. 아버지 서호수도 규장각의 각신[7]으로 일했으며, 작은아버지 서형수는 규장각의 초계문신에 선발되어 활동했다.

할아버지와 아버지, 그리고 작은아버지 등으로 이어진 규장각과 서씨 집안의 인연이 서유구에 들어서 삼대 째 이어지게 되었다. 서유구는 마음이 벅찼다. 삼대 째 자신에게 충성하는 서씨 가문의 젊은 인재인 서유구를 대하는 정조의 마음도 뜨거웠다. 집안 어른들도 임금의 성은에 감사할 따름이었다.

물론 서유구는 정조의 기대를 저버리지 않을 만큼

---

**7 각신(閣臣)**
조선시대 규장각에 소속된 제학, 직제학, 직각, 대교 등의 관원을 일컫는 말이다.

준비된 젊은 인재임에 틀림없었다. 할아버지와 작은아버지 아래서 제대로 된 학문수련의 과정을 거쳤으며, 스무 살 정도부터는 이미 훌륭한 글을 쓴다는 평판을 얻고 있었다. 정조도 서유구가 과거에 급제하기 전부터 그의 이름을 듣고 있었다. 청년 서유구가 일을 하기 위한 모든 준비는 끝났다.

## ❖ 초계문신으로서 수련 과정

초계문신 서유구에게 주어진 과제는 적지 않았다. 매달 읽어야 할 독서 목록이 정해져 있었다. 읽고 뜻을 풀이하고 열흘에 한 번은 글을 지어 올렸다. 시와 산문, 그리고 경전에 대한 시험도 정기적으로 치렀다. 물론 주어진 관직의 일도 해야 했다. 이 모든 것에서 서유구는 빼어난 실력을 발휘하였다.

정조는 규장각의 신하들과 초계문신들에게 직접 문답식의 학술강연을 실시했다. 이것이 1781년부터 1796년까지 16년간 이어진 경사강의[8]이다. 그중 서유구는 『시경』[9]에 대한 시경 강의에 참여했다. 1789년과 1790년에 선발된 초계문신들을 대상으로 한 경사강의였다. 정조는 직접 시경에 관한 590개의 문제를 제출했다. 이 문제 590개에

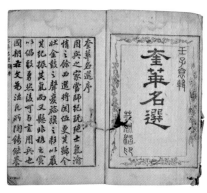

규장각 초계문신이 지은 글을 모은 책인 『규화명선』

**8 경사강의(經史講義)**
유학의 경전과 역사서 등을 임
금이 문답으로 가르치는 것을
말한다. 『근사록』, 『심경』으로 시
작해서 사서오경 등을 다뤘다.

**9 시경(詩經)**
기원전 470년경에 만들어진 유
교의 경전이다. 고대 중국의 풍
토와 사회를 배경으로 그 안에
서 살아가는 사람들의 생활을
노래한 가장 오래된 시가집이
다. 오경 중 하나이다.

대해 34명의 초계문신들이 각기 자신의 답을 적어
내는 방식으로 공부는 진행되었다. 정조는 문제 하
나마다 34명이 제출한 답 중에 가장 훌륭한 답 하나
를 선택했다.

정조는 서유구가 적어 낸 답 중에서 181개를 답으
로 선택했다. 가장 많은 답이 채택된 것이다. 두 번
째로 많은 답을 낸 초계문신은 정약용이었다. 117
개의 답을 내었다. 단 한 개의 답도 내지 못한 초계
문신이 34명 중에 16명에 이르렀다. 정조는 서유구의 답에 대해서 '내용이 풍
부하고 핵심이 있고 깊이 들어가 본질을 꿰뚫었다', '매우 생동감 있고 맛이
있다', '근거가 분명하고 언어가 알맞고 정연하여 고도의 전문성을 갖춘 이에

게서 나온 것임을 알 수 있다' 등의
평가 글을 써주었다. 정조는 친히
신하의 글에 세심한 평가를 해줄 만
큼 초계문신들을 정성껏 가르치고
아꼈다.

초계문신들이 의무적으로 해야
할 일은 학문연구만이 아니었다. 몸
을 단련하기 위한 활쏘기도 반드시
해야 했다. 정조는 문신이라도 몸을
단련하는 것은 매우 중요하다고 여

김홍도의 풍속화 〈활쏘기〉. 서유구는 활쏘기를 못해 정
조의 야단을 들었다.

겼다. 예로부터 선비들이 반드시 익혀야 할 기초교

과인 육예[10]에는 활쏘기와 말타기가 포함되어 있었

다. 그중에서도 활쏘기는 무신만이 아니라 문신들도

익혀야 하는 기본 교양이었다. 왕의 무예의 상징도

활쏘기였고, 정조 자신이 뛰어난 궁수이기도 했다.

자신이 아끼는 젊은 신하들이 그저 앉아서 글만 쓰

는 서생이기를 바라지 않았던 정조는 초계문신들에

10 육예(六藝)
중국 주나라에서 실시되었던 교육의 주요 여섯 가지 교과목인 예(禮)·악(樂)·사(射)·어(御)·서(書)·수(數)를 가리킨다. 악은 음악, 사는 궁술, 어는 말타기, 서는 서도, 수는 수학이다. 군자가 되기 위해 갖춰야 하는 기초 교양이라고 할 수 있다.

게 활쏘기를 익히도록 했다. 일정한 실력이 될 때까지 연습하도록 명령했는

데 서유구는 늘 낙제를 면하지 못했다. 학문은 뛰어난 서유구였지만 활쏘기

에는 영 재주가 없었다. 서유구의 활쏘기가 늘지 않자 화가 난 정조는 '서유

구는 변화될 수 없고 어리석은 사람이고 조각할 수 없는 썩은 나무처럼 쓸모

없는 사람이라고 할 만하니, 오늘도 연습에 내보내도록 하라'는 교지를 내리

기도 했다.


## ❖ 책문에 답해 농대와 십삼경대를 지어 올리다


초계문신으로 있으면서 서유구는 정조가 내린 책문에 응해서 두 가지 글

을 지었다. 책문策文은 왕이 나라의 중대사에 관해서 어떤 대책이 필요한가

를 질문하면 관리나 유생[11]들이 그것에 대한 대책을 작성하여 제출하는 것을

말한다. 정조의 경우 조정의 관리와 초계문신, 서울과 지방의 유생들 각각을

유교의 십삼경의 옛 주석에 상세한 보충설
명과 해석을 덧붙인 「십삼경주소」

대상으로 하여 책문을 내리곤 했다. 서유
구는 초계문신을 대상으로 정조가 내린 두
가지 책문에 대해 자신의 견해를 밝히는
글을 지어 올렸다.

첫 번째 책문은 유교의 열세 가지 경전
인 십삼경[12]에 대한 대책을 세워보라는 것
이었다. 십삼경은 당시 선비들이 필수적
으로 공부해야 하는 교과서로 유학의 모든
경전을 가리키며, 내용은 매우 방대했다.
정조의 고민은 어떻게 하면 조선의 선비들
을 위해 교육내용을 잘 구성할 수 있을 것
인가에 있었다. 신임 관리인 서유구는 정조가 내린
책문의 질문 32개 중에 15개만을 답할 수 있었다.
그중에는 매우 훌륭한 대책들도 있었다. 하지만 나
머지는 모른다거나 답할 말이 없다는 답을 적었다.
반면에 초계문신인 정약용은 모든 항목에 답을 내
어놓아 정조의 칭찬을 들었다.

**11 유생(儒生)**
유교를 신봉하고 유교의 도덕
을 실천하는 사람을 가리키는
말이다. 조선시대에는 대략 전
체 인구의 20퍼센트 정도를 차
지했으며 상위의 신분층을 형
성하고 있었다. 유건이나 유관
을 쓰고 유복을 입고 있어서 다
른 사람과는 구별되었고, 일정
한 예의범절을 지켜야 했다.

서유구와 정약용이 공통적으로 세운 대책에는 십삼경을 편찬할 담당 관서
를 설치하고 학문이 뛰어난 학자들을 선발하여 책을 만들고 그렇게 만들어
진 책을 전국에 보내어 활용해야 한다는 것 등이 있었다. 또한 십삼경에 대한
중국 역대의 모든 설명들을 망라하자고 한 주장도 의미 있는 것이었다. 무엇

보다도 제대로 된 교육을 통해서 인재를 기르는 것
이야말로 나라의 미래를 위해서 필요한 일이었다.

정조는 신임 관리들이 내어놓은 훌륭한 대책을
힘써 실행에 옮기고자 했다. 우선 기존의 책의 인쇄
나 교정을 담당했던 교서관을 규장각에 통합해서
출판 사업을 활발하게 펼쳤다. 그 결과 정조는 생애
3900여 권에 이르는 방대한 서적을 출간했다. 서유
구와 정약용 등의 젊은 규장각 각신들이 그 일을 담당했다.

두 번째 책문은 농사에 관한 것이었다.

**12 십삼경**
『시경』, 『서경』, 『주역』, 『춘추』,
『예기』 5경과 『주례』, 『의례』 등
의 예에 관한 책. 공자와 그 제
자의 어록을 담은 『효경』과 『논
어』, 옛날과 지금의 언어와 제
도를 기록한 책인 『이아』, 맹자
의 기록인 『맹자』와, 『춘추』의
해석서인 『춘추좌씨전』, 『춘추
공양전』, 『춘추곡량전』 등의 13
종을 말한다.

> 농사를 짓는 도는 하늘이 내려주는 때에 따라 땅이 부여하는 이로움을 분
> 간하여 사람이 써야 할 힘을 쓰는 것이다. 낳게 하는 것은 하늘이고 키워주
> 는 것은 땅이며, 이루어내는 것은 사람이므로 이 세 가지가 각각 제 도리를
> 다해 모인 연후에 농사짓는 일에 아무런 탈이 없게 된다. 전제, 수리, 농기
> 구 등에서 변통하여 만세에 바뀌지 않고 통용될 만한 규범을 찾아내어 올
> 리라.

서유구는 농사에 대한 대책인 「농대農對」라는 글을 지어 올렸다.

> 농사에 있어서 앞으로도 바뀌지 않을 농법을 정하려고 하면 여기에는 세
> 가지 항목이 들어가야 합니다. 그 세 가지는 전제, 즉 토지를 어떻게 나눠
> 주며, 세를 어떻게 걸을 것인가에 관한 것이 첫째이고, 둘째는 수리인데,
> 농사를 짓는 데는 물을 관리하는 것이 무엇보다 중요하며, 셋째는 농사짓

는 데 필요한 기구입니다. … 그리고 무엇보다도 새로운 농서의 편찬이 시급합니다. 널리 관련된 책을 수집하고 여러 사람들의 이론을 모아서 옛 제도를 따르고 지금 필요한 것을 통용시켜 나라에서 시행하는 법으로 삼아야 합니다.

—『금화지비집』

서유구는 이제 막 일을 시작해서 배우고 있는 신임 관원이었지만 조선 사회에서 가장 긴요하게 필요한 것이 무엇인가에 대해서 나름의 대안을 가지고 있었다. 그것은 정조의 뜻과도 맞는 것이었다. 초계문신의 나날은 서유구의 학문과 능력을 키우는 과정임과 동시에 정조가 하고자 하는 개혁정치가

서유구와 같은 시기 초계문신이며, 규장각 각신이었던 정약용

무엇인지, 그것을 어떻게 실행해야 하는지를 깊이 이해해가는 과정이었다.

서유구를 비롯해서 정약용 등의 초계문신들은 정조 가까이에서 정조가 펼치고자 한 정치를 온몸을 다해 실행했다. 그리고 정조를 떠나서도 평생에 걸쳐 성실히 수행해나갔다. 정약용은 이후 사서오경 등 경전에 관한 방대한 연구서를 저술함으로써 정조의 뜻을 이어갔다. 서유구는 농학자로서 방대한 농서를 저술하고 《임원경제지》라는 생활백과사전을 편찬하는 것으로 그 뜻을 이었다.

서유구는 어린 시절부터 십 대를 거치면서 많은 훌륭한 스승에게서 가르침을 받아 기초가 탄탄한 학자로 단련되었다. 그리고 조정에 들어온 후에는 정조라는 큰 스승을 만나 다시 새롭게 교육받고 관리로서 단련되었다. 서유구를 제 몫을 하는 관리로 다시 태어나게 한 것은 정조였다. 서유구는 순창군수 시절 초계문신 때의 일을 돌아보며 다음과 같은 말을 남겼다.

전하께서는 인재를 양성하는 데에 뜻이 있어 새벽에 일어나고 밤늦게 주무시면서 오래도록 고민하시어 인재를 뽑는 시험이나 성균관 유생의 시문을 해마다 매기고 달마다 세어 모아서 조목별로 나누어놓자, 고무되고 흥기되는 교화가 찬란하여 볼만하게 바뀌었습니다. 신 역시 전하가 만들어낸 조화되고 빚어지는 도중에 있는 한 사람일뿐입니다.

—「순창군수응지소」


## ◈ 규장각 각신이 되어
### 각종 편찬 작업에 참여하다

초계문신으로, 정조의 가까이에서 정조를 보좌하는 하급관리로 첫발을 내디딘 서유구는 1792년 2월 드디어 규장각 대교[13]에 임명되었다. 할아버지, 아버지를 거쳐 드디어 삼대가 규장각에서 일하게 된 것이다. 규장각 대교는 각종 도서를 편찬하는 일을 하는 관원이며, 다른 관직을 겸할 수도 있었다. 서유구 역시 예문관 검열과 홍문관[14] 정자를 겸하게 되었다. 예문관 검열은 역사적 사실을 기록하고 왕의 명령을 받아 적는 일을 하는 관직이었으며, 홍문관 정자는 책이나 문서를 교정하는 자리였다. 하지만 서유구는 일찍이 규장각 각신이 임금을 보위하는 중요한 기구인 홍문관 관리가 된 사례가 없다며 규장각 대교를 사직하겠다는 상소를 올렸다. 물론 받아들여지지 않았다. 서유구를 가까이 두고자 하는 정조의 마음이 느껴지는 일이다.

정조는 학문연구와 개혁적 정책을 통해서 자신이 생각하는 이상적인 나라를 건설하고자 한 개혁적인 임금이었다. 규장각을 새롭게 설립한 것도 그 일을 실행하기 위해서였다. 이 일을 맡은 규장각 각신이라 불리는 이들은 정조의 뜻을 잘 이해하고 실행할 수 있는 능력이 있는 사람이어야만 했다. 그래서 문과에 급제한 사람들 중에서 우수한 관원을 선발해서 규장각의 초계문신으로 두면서 직접 가르치고 평가하면서 단련시킨 것이다. 규장각의 각신은 정조의 정신적인 친위부대였다.

이들이 있었기에 정조는 조선 국왕 중에서 가장 많은 저술을 남긴 군주가 될 수 있었다. 세손이던 때부터 1800년 승하하기까지 29년간 총 151종 3960권의 책을 편찬했다. 정조가 편찬을 주도한 도서가 87종 2459권이며, 신하들에게 명령해서 편찬한 것이 64종 1501권이다.

이 가운데 1772년부터 1800년 동안 26종 324권의 책이 서유구 집안사람의 손을 거쳤다. 서명응이 6종, 서명선이 1종, 서호수가 5종, 서형수가 7종, 서

---

**13 대교(待教)**
조선시대 관직의 서품 중 하나. 규장각에는 제학(提學: 종1품─정2품) 2명, 직제학(直提學: 종2품─종3품) 2명, 직각(直閣: 정3품─종6품) 1명, 대교(待教: 정7품─종9품) 1명 외에 검서관(檢書官) 4명 등의 관원이 있었다.

**14 홍문관(弘文館)**
조선시대 궁중의 경서, 문서 따위를 관리하고 임금의 자문에 응하는 일을 맡아 보던 관아. 사헌부, 사간원, 홍문관 삼사 가운데 하나였다. 옥당이라고 부른다.

규장각에서 서유구가 편찬했던 책인 『향례합편』. 이 책을 만듦으로써 이후 《임원경제지》의 한 부분인 『향례지』를 편찬하는 데 많은 도움을 받았다.

서유구가 편찬한 책인 『누판고』. 책 판의 목록을 담은 책이다.

유구가 11종[15]을 편찬했다.

서유구는 밤낮없이 열심히 일했다. 손에 굳은살이 박이고, 눈이 침침해져도 정조의 은혜를 생각하며 힘든 줄 몰랐다. 규장각의 검서관[16]으로 일하던 박제가는 많은 밤을 새우며 일하느라 한쪽 눈을 실명하기도 했다. 규장각 각신은 일에 대한 자부심과 정조에 대한 충성심이 높은 신하들이었기에 그 많은 일들을 감당해낸 것이다. 규장각 각신들의 말 그대로 뼈를 깎는 각고의 노력으로 정조 대에 그 많은 책들이 편찬될 수 있었다. 이 책들은 이상 정치를 실현하고자 하는 정조의 뜻이 서유구 등의 규장각 각신에게로 오롯이 전해지고, 그들의 손과 마음을 거쳐 탄생한 보물들이었다. 정조 시기를 조선 후기 르네상스라고 하는 이유도 바로 여기에 있다.

15 규장각의 인재 중 심상규는 4종, 이서구는 3종, 이덕무는 3종, 성해응은 2종, 박제가 1종, 홍석주 1종을 편찬했고, 정약용, 채제공, 이가환의 편찬작업 건은 기록에 보이지 않는다.

**16 검서관(檢書官)**
규장각 관원으로 주로 서자 출신 중에서 학식과 재능이 탁월한 사람을 임명했다. 규장각의 관료들을 도와서 서적을 검토하고 필사하는 일을 했다.

# ❖ 좋은 벗들과 아들을 얻다

규장각 각신이 해야 할 일은 많았다. 편찬해내야 할 책들은 언제나 쌓여 있었다. 고된 생활이었지만 서유구를 비롯한 규장각 각신들의 힘든 일상을 달래 주는 즐거움도 있었다. 그중 하나는 규장각 각신에 대한 정조의 관심과 애정이었다. 나머지 하나는 함께 일하는 동료 학자 관원들이었다. 서유구가 규장각에서 활동하던 시절, 규장각에는 당대의 뛰어난 학자였던 정약용, 이가환[17], 이서구[18], 심상규 등이 함께 일했다. 또한 서자 출신의 검서관으로 이덕무, 박제가, 유득공, 성해응 등도 있었다. 모두들 뛰어난 학자였기에 서로를 통해서 배우는 것이 많았다. 서유구는 관원이 되기 전부터 교유해온 심상규나 성해응과 함께 어울릴 수 있는 것이 더없이 기뻤다.

심상규는 서유구보다 앞선 1790년 9월에 규장각 대교가 되었다. 두 살이 어렸지만 열여덟 살에 처음 만나 이래로 가까운 벗으로 지내오고 있었던 터였다. 앞서거니 뒤서거니 과거에 급제하고, 비슷한 시기에 규장각에서 일을 시작했다. 처음 만났을 때부터 편안하고 든든한 벗이었기에 함께 규장각에서 일하는 것이 참으로 좋았다. 함께 책을 편찬하고, 과거시험의 시험관도 함께 하고, 궁중의 여러 행사

**17 이가환(1742-1801)**
조선 후기의 문신으로 자는 정조, 호는 금대, 정헌이다. 이익의 증손자이며, 아버지는 이용휴로 우리나라 최초의 영세 천주교도인 이승훈의 외삼촌이다. 1801년 신유박해 때 사학의 괴수라는 혐의로 투옥되어 옥사했다. 조선의 천재로 알려져 있으며 천문학과 수학에 능통했으며, 저서로는 『금대유고』가 있다.

**18 이서구(1754-1825)**
조선 후기의 문신이며, 학자다. 선조의 열두 번째 아들인 인흥군의 후손으로 영조 때 문과에 급제하여 벼슬을 했다. 자는 낙서, 호는 척재이다. 1795년 천주교도 옹호의 죄로 영해부에 유배되었다 대사성이 되었다. 형조판서, 대사헌을 거쳐 우의정에 올랐다. 명문장가로 특히 시에 뛰어나, 박제가, 이덕무, 유득공과 함께 한시의 4대가로 알려져 있다.

문장에 뛰어났던 심상규의 글씨(왼쪽). 『발해고』를 지은 유득공의 글씨(가운데), 방대한 문집을 남긴 학자 성해응의 글씨(오른쪽)

도 늘 함께했다.

또 규장각에는 서유구보다 네 살이 많은 성해응도 있었다. 그의 아버지 성대중은 서자였지만 뛰어난 학자였다. 성해응의 고향은 포천으로 서유구의 고향인 파주와 가까웠다. 성해응은 1788년 규장각 검서관이 되었다. 서유구가 규장각 각신이 된 이후로 함께 일하면서 매우 가까운 벗이 되었다. 거의 십여 년을 함께 일했고, 규장각을 떠난 시기도 비슷했다. 또한 검서관으로 있었던 이덕무, 유득공, 박제가 등도 함께 어울렸다. 밤을 새우며 일하는 틈틈이 학문에 대해서 토론하면서, 함께 성장해나갔다. 이들이 없는 규장각 생활은 생각할 수 없었다.

내가 서유구를 따라 규장각에서 일하던 것을 적는다. 서유구는 어릴 적부터 뛰어난 인재였으며, 본래 문헌에 능숙한 가문의 내력을 이어받았다. 학문이 발전하고 완성되어 자신만의 개성을 한껏 뽐내며 글을 짓고 문장을 쏟아냈다. 비어서 내실이 없는 것은 버리고 돌아보지 않았고, 흠이나 어그러진 것은 긁고 빗질하여 정리하였다. 강함과 부드러움을 모두 갖추었고 끝을 알 수 없을 정도로 품이 넓었다. 일의 성취에 있어서는 쇠붙이를 녹여

창덕궁 후원에 조성된 인공의 연못과 열십자 모양의 정자를 가리킨다. 조선시대 왕들이 과거에 급제한 이들에게 주연을 베풀어 축하해주던 장소였다. 정조는 이곳에서 규장각의 젊은 신하들과 낚시도 즐기며, 이들을 위한 휴식을 베풀었다. 정조는 때때로 힘들게 일하는 규장각 각신들을 데리고 부용정에서 꽃구경을 하고 맛있는 것을 내와 이들을 위로하곤 했다.

정조와 각신들이 함께 휴식을 취했던 정자인 부용정. 술을 먹다 벌을 받은 신하를 연못 가운데에 있는 작은 섬으로 귀양 보내기도 했다.

그릇을 만드는 것처럼 굳세게 밀어붙였다. 또한 항목을 나누고 분별하는 것이 정확하고 엄격하였다. 무릇 서적을 편찬하고 교정하는 일에 모두들 서유구를 우선으로 추천하였다.

— 성해응, 『연경재전집』

서유구가 규장각 각신으로 한창 일하던 1795년 첫아들 우보가 태어났다. 5월 11일이었다. 하지만 얼마나 바빴던지 혼인한 지 21년 만에 낳은 아들의 첫돌도 챙기지 못했다. 교정해야 할 책을 손에서 차마 놓을 수가 없어서 규장각을 빠져나오지 못한 것이다. 이 사실을 안 정조는 돌상을 내오라고 명령했다. 그리고 서유구를 불러 먹이며 말했다. "내원 부용정[18]에서 꽃구경을 할 사람이 또 한 사람 늘었구나"라며 기뻐하셨다.

정조의 이 말은 서유구의 아들이 자라 규장각 각신이 되리라는 바람을 담은 것이다. 이때부터 서유구는 매년 우보의 생일이 되면 고기를 굽고 술을 걸렀다. 그리고 이날 정조가 해주셨던 말을 떠올리며 정조의 은혜를 가슴에 새기곤 했다.

## ❖ 순창군수로 임명되다

규장각에서 정신없이 책 만드는 일을 하고 있던 서유구에게 1797년(정조 21) 7월 4일 순창군수로 떠나라는 명이 내려졌다. 서유구는 임명장을 받아놓고도 하던 일이 끝나지 않아 바로 내려갈 수가 없었다. 정조는 이 사정을 잘 알고 있었다. 결국 7월 18일 정조가 서유구에게 하고 있는 책의 원본 대조를 마치는 즉시 내려가라는 명을 내렸다. 그리고 7월 22일, 일을 끝내자마자 서유구는 순창으로 향했다. 처음으로 백성들을 직접 다스리는 목민관[19]이 된 것이었다. 어려서부터 할아버지로부터 백성에게 실제적으로 도움이 되는 농학에 대해서 배우고 연구했는데, 이제 그것을 실지로 적용해볼 수 있는 기회가 생긴 것이다.

순창으로 내려가서 직접 백성들의 생활을 보게 된 서유구는 참담한 심정이 되었다. 백성들의 삶은 생각한 것보다 더 고단하고 힘겨웠다. 당장 무엇이라도 해야만 했다. 마침 원임 규장각 대교[20]의 자격으로 서울에 올 일이 있었던 서유구는 1798년 3월 정조를 만난 자리에서 호남 지역의 백성들이 겪는

**19 목민관(牧民官)**
백성을 다스려 기르는 관리라는 의미로, 고을의 원이나 수령 등의 외직 문관을 통틀어 가리키는 말이다. 지금의 지방자치단체의 장에 해당한다.

**20 원임 규장각 대교**
이전에 규장각 대교의 관직을 한 사람을 일컫는다. 원임 규장각 대교도 일정하게 책의 편찬에 관여했다.

어려움을 설명했다. 그리고 이것을 해결하기 위한 방안을 제시하고 정조의 허락을 얻어 실행했다.

순창군수로서 서유구는 백성들의 삶을 돌보는 한편, 원임 대교로서 규장각의 편찬 사업에도 계속 참여했다. 마침 작은아버지 서형수가 광주목사로 있었던 터라, 왕의 허락을 얻어서 광주와 순창의 유생들을 모아 순창에서 교정을 하고 교정본을 다시 서울로 올려 보내기도 했다. 여전히 바쁜 나날들이 이어졌다.

1799년 정조는 전국의 관리와 유생들에게, 매년 농사를 지어도 많은 백성들이 굶는 문제를 해결하기 위한 대책을 세우라는 명을 내렸다. 조선은 농업이 근본인 나라였다. 한 해의 농사가 잘되면 다행이었지만 만일에 조금이라도 잘못되면 수많은 백성들이 굶어죽는 끔찍한 일이 벌어지곤 했다. 정조는 누구든 이 문제를 해결하기 위해 가지고 있는 농업에 관한 지식과 농사기술을 내어놓으라고 명령한 것이다. 정조의 명을 받아 100여 명에 이르는 관리와 유생들이 농업에 관한 글이나 농업정책 개혁안을 올렸다. 서유구를 비롯

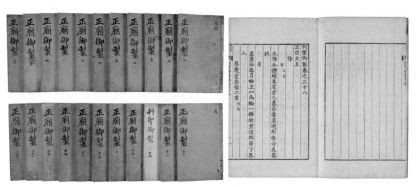

정조 임금이 직접 지은 글들을 모아 엮은 『정조어제』

해서 당시 면천군수였던 박지원, 곡산부사였던 정약용, 박제가 등의 93건의 상소가 올라왔다.

서유구는 「순창군수응지소淳昌郡守應旨疏」(왕의 명령에 응하여 올린 상소)라는 제목의 글을 지어 올렸다. 초계문신 시절 지었던 「농대」에 이어 두 번째로 올린 농업에 관한 대책이었다. 백성들의 생활을 직접 경험하고 쓴 이 글을 통해서 서유구는 농학자이며 실학자로서의 면모를 더욱 다질 수 있었다. 글 속에는 농사에서 가장 중요한 물 관리의 폐단과 해결책, 우리 토양에 맞는 농사의 기술을 담은 농서 편찬에 관한 방안, 조세제도의 문제점과 개선방안 등이 나와 있다. 조선 농촌의 현실을 직접 보고 겪고 난 반성의 결과였다.


## ❖ 하늘이 무너지는 슬픔,
## 아버지와 아내, 정조의 잇따른 죽음

순창군수로 일하던 서유구에게 슬픈 소식이 전해졌다. 아버지 서호수가 예순셋의 나이로 갑자기 돌아가신 것이다. 1799년 1월, 매서운 겨울바람이 몰아치던 날이었다. 아버지는 당시에 『해동농서』[21]라고 하는 농서를 집필 중이었다. 결국 그 책은 완성되지 못한 채 서유구에게 남겨졌다. 할아버지가 돌아가시고 집안의 중심이었던 아버지까지 돌아가시고 나니 서유구는 가슴이

**21 해동농서(海東農書)**
일찍이 자신만의 실용학문을 추구했던 서호수가 집필한 농서이다. 우리나라의 자연지리적 조건과 중국의 발달한 농업기술을 반영한 농서이다. 전제, 수리, 농기구 등에 관한 문제를 포함하여 농학의 체계화를 시도했다.

뻥 뚫린 듯 상실감이 컸다. 아버지의 비문을 써야 하는데 어떤 말도 떠오르지 않았다. 말로 다 할 수 없는 슬픔이 밀려왔다. 아버지의 갑작스런 죽음은 비단 서유구만이 아니라 주변 모든 사람들을 아픔에 빠뜨렸다. 정조는 서호수가 죽었다는 말을 듣고는 "이렇게 급하게 떠날 줄 몰랐도다. 어제[22] 편찬 작업이 이제 주인을 잃었도다"라고 한탄했다. 당시 서호수는 정조의 문집인 『홍재전서』를 편찬하던 중이었다.

그런데 아버지 무덤의 흙이 채 마르기도 전인, 같은 달 28일에 부인 여산 송씨마저 서유구의 곁을 떠나고 말았다. 아들 우보가 겨우 다섯 살이었다. 열두 살 어린 나이에 혼인한 아내였다. 늦게 낳은 아들 하나를 보배처럼 아끼고 사랑하던 아내였다. 가난한 관원의 아내였기에 유모도 두지 못하고, 언 물에 포대를 빠느라 열 손가락이 쩍쩍 갈라져도 불평 한마디 하지 않았던 아내였다. 죽기 2년 전부터는 폐결핵이 걸려 내내 고통에 시달렸다. 어린 자식을 두고 떠나는 가여운 아내를 보내는 서유구의 심정은 찢어질 듯 아팠으리라. 아버지와 아내, 세상에서 가장 가까운 두 사람을 한꺼번에 보내고 나니 세상 모든 일이 의미 없이 느껴졌다.

채 마음을 추스르기도 전에 서유구는 또 한 사람의 죽음을 맞게 되었다. 정조가 승하[23]한 것이다. 1800년 6월 28일이었다. 임금의 나이 마흔아홉, 아직 창창한 나이였다. 정조의 죽음 역시 너무나 갑작스러웠다. 병이 나서 아프기 시작한 지 20일 만의 일이었다. 모두들 임금이 병석을 털고 일어나 다시 예전처럼 왕성하게 나랏일을 돌볼 것이라 기대했다.

---

**22 어제(御製)**
임금이 지은 글이나 물건을 의미한다.

**23 승하(昇遐)**
군주, 임금의 죽음을 높여 부르는 말이다.

다른 신하들도 그러했겠지만 한 해 전 아버지를 잃은 서호수에게 정조의 죽음은 전혀 믿고 싶지 않은 일이었다. 서유구는 하늘을 원망하며 울부짖었다. 이제 더 이상 살고 싶지 않은 듯 넋을 놓아버렸다.

정조와 효의왕후의 합장릉인 건릉

서유구에게 정조는 자신을 관리로 뽑아주고, 몸소 가르침을 준 은혜로운 스승이자 아버지와 같은 자애로운 임금이었다. 아버지 서호수와 정조는 지금까지 서유구의 삶을 지탱해온 커다란 두 기둥이었다. 삶을 떠받친 두 개의 기둥이 한꺼번에 무너진 상태, 그것이 서유구가 처한 상황이었다. 게다가 어린 아들을 남기고 아내까지 떠나버리고 말았다. 세 사람과의 이별은 서유구의 삶을 어디로 갈지 모르는 막막한 상태로 만들었다. 그리고 실지로 이후 서유구의 삶은 이전과는 완전히 다른 방향으로 전개되었다.

내가 처음 벼슬하던 때 정조께서 나를 발탁해주셨다. 정조가 은혜를 베풀어준 덕에 나같이 어리석은 사람이 조정에 참여하고 나같이 쓸모없는 사람도 관리가 될 수 있었다. 규장각의 각신이 되어 유명한 도서 편찬자인 유향처럼 서적을 교정하겠노라고 스스로 다짐하여 항상 채찍질하며 힘을 다해서, 손에 굳은살이 박이고 눈이 침침해지는 줄을 스스로 모르고 일했다. 그런지 얼마 되지 않았는데 굽이굽이 험한 길이 앞에 놓이고, 높디높은 협

곡이 뒤에 있어서 수레의 굴대가 부러진 것 같고, 키가 없어진 것과 같아 막막하여 앞으로 나아가지 못하겠다.

— 『금화지비집』

열성어진에 남아 있는 순조의 모습이다. 왕실 족보인 『선원보감』에 남아 있는 모습과 같다. 순조의 어진은 불타버렸다고 한다.

## ❖ 순조 즉위 이후

정조가 승하한 1800년 순조가 왕위에 올랐다. 아직 11세의 어린 나이였다. 어린 순조를 대신하여 영조의 왕비이며, 순조의 할머니인 정순왕후가 수렴청정[24]을 시작했다. 정순왕후는 정조와 사이가 좋지 않았다. 정조가 하고자 했던 정책들은 제대로 계승되지 못했다. 정조와 가까웠던 사람들은 하나둘 유배를 가거나 관직을 그만두고 조용히 시골에 머물렀다.

서유구와 함께 규장각에서 일했던 동료나 선배들도 규장각을 떠나거나 유배를 갔다. 규장각은 정조가 자신의 이상 정치를 실현하기 위해 새롭게 설립했던 기관이었고, 규장각의 각신은 정조와 뜻을 함께 했던 동지와 같았다. 그런 정조가 세상을 떠나자 규장각 각신들은 할 일과 그 일의 중심인 임금을 다 잃은 셈이었다. 박제가는 순조 1년인 1801년에 터

---

**24 수렴청정(垂簾聽政)**
수렴은 '발을 드리운다'는 뜻이고 청정은 '정사를 듣는다'는 뜻으로, 왕과 함께 발을 드리우고 정치를 하는 것을 의미한다. 수렴청정은 즉위하는 왕이 성년이 되지 않은 어린 나이일 때 왕실의 가장 어른인 대왕대비 혹은 왕대비가 발을 치고 왕과 함께 정치에 참여하는 정치제도를 가리킨다. 성종 대에 정희왕후를 비롯해 모두 7회의 수렴청정이 시행되었다.

무니없는 모략에 의해 유배형에 처해졌다가 1805년에 사망했다. 북학파의 일원이면서 규장각에서 함께 일했던 유득공 역시 벼슬에서 물러나 은거하다 1807년 세상을 떠났다. 게다가 정조가 승하한 다음해 서유구의 여동생도 세상을 떠났다.

**25 사헌부 장령(司憲府掌令)**
정책이나 관리를 감찰하고 기강과 풍속을 바로잡으며, 억울한 일을 없애주는 일 등을 맡아보던 기관이다. 부정을 적발하면 법적인 조치를 취할 수 있는 사법권이 있었다. 장령은 사헌부의 정4품의 관직이다.

아버지의 삼년상을 치르느라 관직에서 잠시 물러나 있었던 서유구에게 1801년 사헌부 장령25이라는 관직이 내려졌다. 그리고 1802년에는 의주부윤으로 가라는 명이 내려왔다. 서유구는 의주부윤을 맡을 수 없다고 여러 번 사양했지만, 왕은 만일 부임하지 않으면 평양으로 유배 보내겠다며 서유구를 압박했다. 하는 수 없이 의주부윤으로 내려간 서유구는 1년 6개월간 의주부윤으로 일한 후 관직을 그만 두었다가 다시 『정조실록』의 편찬 임무를 받아서 조정으로 돌아왔다. 그후 여주목사, 성균관 대사성, 홍문관 부제학 등의 관직에 임명되었다. 그러나 서유구는 관직에 임명될 때마다 매번 사직하겠다는 상소를 올렸다. 그리고 마침내 마지막 관직인 홍문관 부제학의 사직상소가 받아들여져 관료생활을 마무리하게 되었다. 1806년 1월의 일이다.

서유구가 자신에게 내려지는 관직마다 사직상소를 올린 데에는 여러 가지 이유가 있었다. 결정적인 이유는 정조의 죽음 이후 조정에서 벌어진 권력 싸움 때문이었다. 작은아버지 서형수가 김달순 옥사 사건에 연루되어 유배를 가게 된 것이다. 그로 인해 달성 서씨 집안사람들은 더 이상 관직에 나가지 못했으며, 이후 집안은 몰락의 길을 걷게 되었다.

김달순은 서유구와 과거와 초계문신 동기였다. 정조가 죽고 난 뒤 전라도관찰사, 이조 · 병조 · 호조 판서를 역임했고 1805년 12월 27일 우의정으로 임명된 후 순조를 만나는 자리에서, 정조 시기에 사도세자의 추숭을 주장했던 이우 등 영남 만인소의 주모자를 처벌하자고 주장하였다. 또한 영조 대 사도세자의 모함에 앞장섰던 인물인 박치원과 윤재겸을 표창하자고 주장하였다. 김달순의 이러한 주장은 순조에게 적지 않은 충격을 주었다. 사도세자에 관한 일을 말하지 않기로 한 정조 때의 의리를 저버리고 다시 거론함으로써 순조도 당시의 문서를 읽어볼 수 있었다. 다시 묻어두었던 끔찍한 왕실의 과거를 다시 들춰내게 되었다. 처음에는 순조가 충격을 받았다는 점을 이야기하고 김달순의 건의는 받아들이지 않는 것으로 마무리되는 듯했다.

그러나 며칠 뒤 형조참판 조득영(역시 서유구 김달순과 초계문신 동기)이 김달순을 공격하고 나선 일이 계기가 되어 김달순의 발언이 적지 않은 파장을 몰고 왔다. 이 과정에서 영의정 서매수는 김달순의 의견에 동조했다는 이유로 조정에서 축출되고, 서매수의 아들 서유군과 친척 서기수는 서매수가 김달순을 지지한 발언 기록을 고치려했다는 이유로 유배되었다. 또한 서유구의 작은아버지 서형수가 이들을 뒤에서 사주했다는 이유로 추자도로 유배되었다. 김달순은 옥에서 사망했다.

결국 경기도관찰사로 있던 서형수는 1806년 2월 전라도 영암군 추자도로 유배되고, 한참 뒤인 1821년 전라도 임피현으로 유배지가 옮겨졌지만 고향으로 돌아오지 못하고 1824년 임피에서 세상을 떠나고 말았다. 서형수의 유배 기간과 서유구의 은거 시기는 겹친다.

## 정약용(1762-1836)

조선 후기 실학자이다. 자는 미용美鏞이며, 호는 다산茶山 · 여유당與猶堂이다. 남인 가문 출신으로, 정조 대에 문신으로 벼슬 생활을 했으나, 청년기에 접했던 서학으로 인해 장기간 유배생활을 하였다. 벼슬생활 중에는 정조의 특별한 총애 속에서 예문관, 사간원, 사헌부, 홍문관 등에서 일했으며, 경기암행어사, 동부승지 · 좌부승지, 곡산부사, 병조참지, 부호군, 형조참의 등의 벼슬을 두루 역임했다. 특히, 1789년에는 한강에 배다리를 준공시키고, 1793년에는 수원성을 설계하는 등 기술적 업적을 남기기도 하였다. 정조 사후에 정치에서 밀려나 강진에서 18년간 유배생활을 하였는데, 이 기간 동안 정약용은 학문을 더욱 연마해 육경사서六經四書에 대한 연구를 비롯해 일표이서(『경세유표』, 『목민심서』, 『흠흠신서』) 등 모두 500여 권에 이르는 방대한 저술을 남겼고, 이를 통해서 조선 후기 실학사상을 집대성한 인물로 평가되고 있다.

## 박제가(1750-1805)

조선 후기 위대한 사상가이자 문인이다. 본관은 밀양이고 자는 재선在先, 차수次修, 수기修其이며, 호는 초정楚亭이다. 승지를 지낸 박평朴坪의 서자로 태어났다.

그는 젊어서부터 뛰어난 문인이자 서예가로 명성이 자자하였다. 비슷한 신분의 이덕무, 유득공 등과 어울리며 활발하게 시와 문장을 창작하였고, 박지원, 이서구 등 당대 뛰어난 학자들과도 교유하였다. 『한객건연집韓客巾衍集』이라는 시선집으로 인해 중국에서도 명성을 떨쳤다. 저서로 『정유각시집』 · 『정유각문집』 · 『북학의北學議』를 남겼다.

정조에게 인정을 받아 새로 설립된 규장각의 검서관으로 오랫동안 일했으며, 영평, 부여 등지에서 지방관을 역임하기도 하였다. 하지만 서자라는 신분적 한계로 때문에 고위관직을 역임하지는 못하였다. 정조가 승하한 후 1801년(순조 1)에는 사은사 윤행임을 따라 이덕무와 함께 네 번째 연행 길에 올랐다. 유배되었다가 1805년에 풀려났으나 곧 병으로 죽었다.

### 유득공(1749-1807)

조선 후기 실학자. 호는 영재冷齋이다. 양반이지만 서자 출신이었기 때문에 차별 대우를 받았다. 그러나 정조가 규장각을 설치한 후, 검서관으로 기용되어 그 능력을 펼 수 있었다. 20세 무렵 박지원 · 이덕무 · 박제가 등과 교류하며 북학에 대해 공부하기 시작했다. 1779년(정조 3) 규장각 검서관에 임명된 후, 여러 관직에 등용되었으나 정조가 죽자 관직에서 은퇴했다. 특히 문학에 뛰어나 중국 중심의 세계관을 탈피해 동양을 비롯한 서양의 여러 시문을 접했다. 이러한 인식 속에서 우리 역사에도 관심을 가져 발해에 관한 역사서인 『발해고』를 저술했다. 그는 이 글에서 발해를 강조하며 '남북국 시대'라는 말을 처음으로 사용했다. 그의 역사의식은 정약용과 한치윤 등에게 계승되어 조선 후기 역사학 발전에 기여했다.

### 성해응(1760-1839)

조선 후기 실학자, 문신이다. 경기도 포천 출신이다. 성해응은 어려서부터 학문에 열중하여 9세 때 『율곡전서』를 읽고 평생 율곡 이이를 흠모하였다. 1783년(정조 7) 진사시에 합격하였고, 1788년(정조 12) 규장각 검서관으로 임명되었다. 이후 내각에서 근무하면서 이덕무, 유득공, 박제가 등 북학파 실학자들과 교유하고 각종 서적을 광범위하게 섭렵하며 학문의 바탕을 이룩하였다. 1790년(정조 14) 정조가 규장각에 명하여 『춘추좌씨전』을 편찬하였는데, 여기에 깊이 참여하여 권수의 범례를 작성하였다.

1813년(순조 13) 정조의 어제를 간행할 때 세 차례 규장각에 들어갔다가 일이 끝난 뒤인 1815년(순조 15) 사직하고 고향으로 돌아왔다. 그 뒤 아들 성헌증의 임지인 충청도 목천과 고향에 거주하면서 학문을 닦았다. 문집에 『연경재전집』이 있다.

### 이덕무(1741-1793)

조선 후기 실학자이다. 본관은 전주이며 자는 무관懋官, 호는 청장관靑莊館이다.

조선 후기 서자 출신의 실학자 그룹인 이용후생파의 한 가지를 형성한 이덕무는 박제가, 이서구, 유득공과 더불어 청나라에까지 사가시인四家詩人의 한 사람으로 문명文名을 날린 실학자이다. 경서와 사서에서부터 기문이서奇文異書에 이르기까지 박학다식하고 문장이 뛰어났으나, 서자였기 때문에 출세에 제약이 많았다. 그러나 정조가 규장각을 설치하여 서자 출신의 뛰어난 학자들을 등용할 때 박제가, 유득공, 서이수 등과 함께 검서관으로 발탁되기도 했다. 박물학에 정통한 이덕무는 사회경제적 개혁을 주장하기보다는 고증학적인 학문 토대를 마련하여 훗날 정약용, 김정희 등에 학문적 영향을 준 인물이라 평가할 수 있다.

## 심상규(1766-1838)

조선 후기 문신이다. 본관은 청송이다. 처음 이름은 상여象輿, 자는 가권可權·치교穉敎, 호는 두실斗室·이하彛下다. 정조에게 재능을 인정받아 상규라는 이름과 치교라는 자를 받았다. 1789년 문과에 급제한 뒤 교서관 정자, 대교, 부교리 등을 지냈다.

정조 때 초계문신이 되었으며, 우의정·좌의정·영의정을 두루 역임하였던 인물로서 노론 시파의 거두였다. 학문적으로는 북학파로서 이용후생을 강조하였다. 1800년 순조가 즉위한 후 이조참의에 임명되었으나 유배되었다가 이듬해 풀려났다. 1803년 다시 이조참의에 임명되고, 여러 관직을 거쳐 1809년 예조판서에 올랐다.

일찍부터 문장이 간결하고 필법에 뛰어났으며, 시문의 내용이 깊고 치밀할 뿐 아니라 서간에도 능숙하였다고 한다. 당시 집에 장서가 많아 세상에서 그를 견줄 만한 사람이 없었다고 하며, 그가 죽었을 때 헌종이 궁궐에서 사용하는 관곽棺槨을 하사하였다고 한다. 그의 학문은 북학파로서 이용후생의 중요성을 강조했다. 『두실존고斗室存稿』 16권이 전하고, 글씨로는 경춘전기京春殿記가 있다. 시호는 문숙文肅이다.

서형수가 김달순 옥사에 연루되어 유배되자,

그 여파로 서유구 집안의 사람들도 벼슬을 내놓고 유배를 가는 등

집안 전체가 어려움에 처했다.

서유구와 비슷한 시기에 형 서유본도 벼슬에서 물러난다.

벼슬에 나선 지 6개월도 되지 않은 때였다.

이후 서유구는 식솔들과 함께 지금의 경기도 연천인 금화 근처로 이사해

농사지으며 생계를 이어나갔다.

이후 대호, 난호, 번계 등 여러 곳을 옮겨 다니면서 지냈다.

극심한 빈곤에 시달리는 힘들고 어려운 시기였다.

그러나 이 시기 조카, 동생, 아들을 가르치고 직접 농사를 지으면서

백성들에게 유용한 지식들을 모아 편찬할 계획을 세운다.

농업기술을 실험하면서 농서 연구에 매진한다.

# 4장

# 시골에 은거하다

1807년-1823년

· 44세부터 60세 ·

## ■ 시골에 은거하던 시기의 행적

**1807년(순조 7) 44세**   금화로 이주하여 농사에 전념하는 한편, 《임원경제지》 편찬에 필요한 자료를 준비하다. 이 시기부터 『금화경독기』, 『옹치잡지』, 『행포지』 등을 저술하기 시작하다.

**1809년(순조 9) 46세**   금화산장에서 어머니를 모시고 형제들과 함께하며 자신의 소망을 피력하다.

**1811년(순조11) 48세**   봄, 서철수를 모시고 두호에 머물다.

**1812년(순조12) 49세**   대호로 이주하다.

**1813년(순조13) 50세**   4월 서조모 밀양 박씨가 사망하다. 9월 어머니 한산 이씨가 사망하다. 난호로 이주하다. 이때부터 본격적으로 《임원경제지》 편찬을 시작하다.

**1815년(순조15) 52세**   봄 임진강 가 난호에 집을 짓다. 벼슬에 나갈 때까지 이곳에 살면서 아들 서우보와 서유긍, 송지양 등의 학문을 지도하다. 『난호어목지』 저술을 시작하다.

**1818년(순조18) 55세**   동생 서유락이 가족들과 함께 서유구의 집 근처로 이사 오다.

**1819년(순조19) 56세**   전라도와 경상도에 양전을 시행할 계획이 발표되다.

**1820년(순조20) 57세**   양전 시행에 맞춰 양전 방법과 둔전 제도를 핵심으로 하는 「의상경계책」을 짓다.

**1822년(순조22) 59세**   2월 형 유본이 사망하다. 삼호의 행정에 머물다. 인근에서 《사고전서》 총목 200권을 열람하다.

**1823년(순조23) 60세**   7월 서형수가 추자도에서 영광군 임피현으로 이배되다. 9월 돈령부 도정으로 복직되다. 11월 회양부사가 제수되다. 회양부사로 공명첩을 팔아 소를 사서 회양군민에게 나누어주다. 형수 빙허각 이씨가 절명시를 남기고 서유본을 따라 사망하다.

# ❖ 숙부의 유배로 숨어 지내다

1806년 여름 작은아버지 서형수가 섬으로 귀양을 떠나자, 서유구는 죽서의 집을 떠나 잠시 지금의 서울 도봉동 근처인 망해촌에 머물렀다. 자신과 가족들에게 무슨 일이 닥칠지 몰라 하루하루 긴장하면서 숨죽여 지내는 날들이 이어졌다. 문장은 뛰어났지만 과거시험에 번번이 낙방하던 형 서유본은 음서[1]로 벼슬을 얻은 지 6개월 만에 관직에서 물러났다. 형은 형수와 함께 집을 정리하고 서울 도성을 떠나 동호, 지금의 용산 부근으로 이사한 상태였다.

시간이 흐르자 급박하게 진행되던 일들은 어느새 조금씩 안정이 되어갔다. 이제 더 이상의 나쁜 일은 일어나지 않을 것이라는 확신이 들었다. 그러자 앞으로 집안을 어떻게 꾸려나가야 할지가 고민이었다. 아버지도 안 계시고, 작은아버지는 유배 간 데다, 형님은 벼슬을 시작한 지 고작 6개월 만에 관직에서 물러난 상태였다. 그나마 세상물정을 제대로 아는 사람은 오랜 기간 관직 생활을 했던 서유구뿐이었다. 서유구가 챙겨야 할 식솔들은 적지 않았다. 형님 내외를 제외하더라도 어머니 한산 이씨와 양부 서철수와 양모, 두 동생 내외와 그 식솔들, 그리고 숙부인 서로수가 남긴 아들 서유긍과 유배 간 서형수의 세 아들과 그들의 식솔도 있었다. 아내가 죽고 아들 우보를 키워준 박씨 할머니도 있었다.

서울에 집과 재산 등이 남아 있었지만 서울에 머물러 살 수는 없었다. 상황이 안정되었다고 하더라도 언제 어떤 일이 닥칠지 몰랐다. 서유구는 가족들

**1 음서(蔭敍)**
조선시대에 할아버지나 아버지 등이 나라의 공이 있는 경우, 그 자제들에게 과거시험 없이 특별히 벼슬을 주던 제도이다.

을 데리고 옮겨 갈 수 있는 작은 짐을 챙겨 고향인 파주 장단에서 그리 멀지 않은 금화로 이사했다. 금화는 지금의 경기도 연천, 휴전선 부근이다. 1807년의 일이었다. 많은 식솔들과 함께 낯선 곳 금화에서의 생활이 시작되었다.

## 금화에 은거하다

금화로 이사했지만 살 길은 막막했다. 그동안은 벼슬을 하며 봉록[2]을 받아 생활했지만 언제 다시 벼슬길에 나가게 될지 모를 일이었다. 아니 영영 나갈 수 없을 지도 몰랐다. 차라리 권력을 가지고 있었던 안동 김씨 일가에 머리를 조아리고 없는 죄를 용서해달라며 벼슬자리를 구해야 할까? 아무리 생각해도 그럴 수는 없었다. 서유구는 농사를 짓기로 했다. 양반이 농사를 짓는 것을 수치로 여기던 때였다. 아들이 농사를 지어 아침저녁 상을 차려 올리는 걸 보고 어머니 한산 이씨가 말했다.

"이 가득 차린 음식이 모두 자네 열 손가락에서 나왔구먼."

"네, 어머니, 찬이 없어서 죄송합니다."

"어릴 적에 내 아버지께서는 땅에 떨어진 밥알을 절대 버리지 않으시고, 반드시 주워 깨끗이 닦아서 입에 넣으셨다네. 그러면서 말씀하셨지. '이 쌀알 하나에 농부의 몇 움큼이나 되는 땀이 들어갔으니 어찌 아깝지 않겠느냐?'"

"네, 그렇지요. 어머니. 농부의 땀이 어린 밥알이

**2 봉록(俸祿)**
벼슬을 하던 사람들에게 봉급으로 주는 곡식, 옷감, 돈 등을 이르는 말이다. 지금의 연봉이나 봉급에 해당한다.

지요."

"요즘 자네 손에 못이 박인 걸 보니 농사가 얼마나 힘든지 잘 알겠네. 그러니 저기 서울 도성에 살면서 쟁기나 보습이며, 가래나 호미도 알아보지 못하면서 배에는 곡식을 채우고 몸에는 비단을 두르려는 이들이 어찌 천지를 훔치는 도적놈이 아니겠는가?"

어머니 한산 이씨는 벼슬을 하던 아들이 농사를 지어 차려 온 밥상을 보며 이렇게 말씀하셨다. 보통의 어머니라면 틀림없이 기막혀하고 슬퍼했을 상황이었다. 하지만 서유구의 어머니는 달랐다. 오히려 농사의 농農 자도 모르면서 배불리 먹고, 좋은 옷 입는 사람들을 도둑놈이라 욕했다. 서유구 역시 자신의 처지를 비관하거나 슬퍼하지 않았다. 오히려 언젠가 벗인 성해응에게 말했듯이 자신이 원했던 실질적인 일을 이제야 하게 된 것이라 여겼다. 아마도 이런 일이 없이 계속 벼슬살이를 했더라면 불가능했을지도 모를 일이었다.

온갖 세상의 귀하고 좋은 물건들은 이제껏 집안에 다 누려보았습니다. 하지만 이런 것들은 그저 물건이라 나의 즐거움이 되지 못합니다. 농사짓는 일은 삶의 근본이며 나라 경제의 원천입니다. 나는 앞으로 실질적인 것을 업으로 삼을 것입니다. 좋은 농서를 구입해서 백성을 고르게 기르는 기술을 연구하고 고향 장단에서 농사지으며 밭을 갈아 벼를 재배하고, 닭치고 돼지를 길러 세금을 벌어 마을 번성하게 할 것입니다. 그 나머지는 시골에서의 오락을 실컷 즐기면 얻고 잃는 것, 영화로운 것 등을 모두 잊고 편안히 세상을 마칠 수 있을 것이니 이 또한 즐길 만하지 않겠습니까?

— 서유구, 성해응 『연경재전집』의 서문

## 탕평정치가 무너지고 세도정치가 시작되다

영조와 정조의 성공적인 탕평정치는 결국 정조가 죽고 난 후 무너지게 되었다. 결국은 뛰어난 두 왕, 영조와 정조의 힘이 개혁정치를 이뤄냈고, 조선 후기 최상의 국가를 만들었다고 말할 수 있다. 정조가 죽고 그의 어린 아들 순조가 즉위하자마자 탕평책은 중단되었다. 이후 순조 - 헌종 - 철종에 이르는 60년간은 안동 김씨와 풍양 조씨 등이 주도하는 세도정치의 시대가 시작되었다. 세도정치는 주로 왕의 외척인 소수의 가문이 권력을 장악하는 정치를 말한다. 이들이 고위직을 독점하고 비변사를 근거지로 삼아 막강한 권력을 휘두른 시대였다. 서유구는 순조가 즉위하고 얼마 되지 않아 세도정치의 회오리 속에서 관직을 그만두고 임원에 머물러 지냈다. 이후 다시 순조와 그의 아들인 효명세자가 대리청정을 하던 시기인 1823년 관직에 돌아왔다. 그리고 헌종 5년인 1839년 관직을 그만두었다.

## 관직을 사고팔고, 세금제도인 삼정이 무너지다

세도정치기에는 과거시험 같은 공식적인 관리 등용제도는 마비되었고, 돈으로 관직을 사고파는 일이 성행하였다. 세도가들이 돈을 받고 관직을 팔았고, 돈을 주고 관직을 산 사람들은 그 돈을 뽑아내려고 백성들을 괴롭혔다. 탐관오리들이 판치면서 조세제도는 무너졌다. 토지세인 전정, 군사세인 군정, 빈민구제제도인 환곡은 백성들을 수탈하고 죽음으로 몰아넣는 극악한 제도로 바뀌어버렸다. 이렇게 세금제도의 주요한 세 가지가 한꺼번에 무너진 것을 삼정의 문란이라고 한다.

## 자연재해가 지속되고, 종교와 민란이 유행하다

엎친 데 덮친 격으로 가뭄, 홍수와 같은 재해가 연이어 발생하면서 백성들의 삶은 나락으로 떨어졌다. 굶어죽는 백성들이 늘어갔고, 1821년에는 전국적으로 콜레라가 유행해 많은 백성

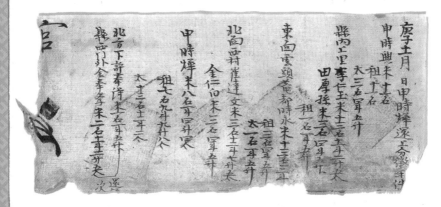

조선 후기 어느 고을에서 신시엽이라는 사람이 내야 할 환곡을 여러 사람에게 나누어 징수하기 위해 마련한 문서이다. 신시엽이 환곡을 모두 납부할 능력이 없어 연대채임으로 친지 등에게 세금을 징수한 것으로 보인다. 문서에서 신시엽을 비롯해서 그와 가까운 친척 9명의 명단이 적혀 있다.

들이 목숨을 잃게 되었다. 결국 백성들의 불안은 농민 봉기로 폭발하게 되었다. 1811년 평안도에서 일어난 홍경래의 난이 대표적이다. 농민이 주축이 되어 일어난 민란은 아니었지만 홍경래의 난에 농민들 역시 적극 참여했다. 이후 철종 말년인 1862년 진주를 비롯한 전국적인 농민항쟁이 일어났다.

## ◆ 극심한 빈곤을 체험하다

그러나 생활은 매우 고단했다. 지금까지 살면서는 단 한 번도 가난을 겪어본 적이 없었기에 그 고통은 더했다. 지금까지 경화사족으로 온갖 진귀한 물품들을 봐왔고, 누릴 수 있을 만큼 풍족한 생활을 누려왔던 그였다.

그나마 여름은 지낼 만했지만 살을 에는 추위가 닥쳐오는 겨울의 고통은 참기 어려웠다. 새벽에 일어나면 너무 추워 온몸에 소름이 돋았다. 그래도 불을 땔 땔감이 없었다. 몰래 남의 동산에서 주워 온 나뭇가지는 채 한 움큼이 되지 않았다. 목덜미와 발목이 드러나도 감쌀 옷이 없었다. 열심히 농사를 지었지만 죽으로도 끼니를 다 때우지 못했다. 그런 중에도 어머니는 손자인 우보의 옷가지나 먹을 것은 돈을 빌려서라도 마련해주었다. 차마 가족들에게는 말하지 못했지만 하루에도 몇 번씩 죽고 싶다는 생각을 하던 때도 있었다.

정처 없이 떠돌며 남의 집을 빌려서 사는 고단한 생활이 언제 끝날지 모르기에 괴로움은 더 컸다. 하루가 다르게 성장하는 아들과, 나이 드신 어머니, 그리고 나머지 가족들을 지켜야 한다는 생각으로 매일을 버텨나갔다. 대장부로서

김홍도의 풍속화 〈논갈이〉

큰 뜻을 세웠고, 그것을 이루려고 학문에 정진했고, 그리고 벼슬을 하며 그 뜻을 실현코자 했었는데…. 하루하루 먹고사는 문제에 맞닥뜨려서야 생계를 유지하는 데에 있어 자신이 얼마나 부족한 사람인지를 절실하게 깨닫게 되었다.

힘겹게 농촌생활에 적응해나가던 1809년 어느 날, 어머니는 형제들을 불러 모아 각자 어떻게 살기를 원하느냐고 물으셨다. 서유구는 "작은 터를 마련하여 네 명 형제가 지붕을 마주하고, 함께 농사를 지어 먹을 것을 마련하고, 천을 짜서 입을 것을 마련하면서 살기를 원합니다"라고 말했다. 서유구는 이제 사대부이며 조정의 관리였던 입장에서 벗어나 스스로 먹을 것을 마련해야 하는 일반 백성과 같은 입장에서 자신과 세상을 바라보게 된 것이다.

> 내가 태어난 이래 지금까지 44년 동안 17300여 일을 되돌아보았다. 겨울에는 솜옷을 입고, 여름엔 갈옷을 입지 못한 적이 없었을 뿐만 아니라 두터운 갖옷을 입고 주름진 비단을 걸친 적도 있었다. 그리고 아침에 아침밥을 먹고, 저녁에 저녁밥을 먹는 것을 빼놓은 적이 없었을 뿐더러 산해진미가 한 상 가득 차려진 적도 있었다. 그렇게 쓴 것을 돈으로 따지면 어찌 천만으로 계산을 다할 수 있을 것인가? 나는 일찍이 손에 쟁기를 잡아본 적이 없고, 나의 처자들은 눈으로 길쌈에 쓰는 고치와 북을 구별하지 못했다.
>
> —『금화지비집』

# ❖ 어려움 속에서 싹튼 농서 편찬의 꿈

　가족의 생계가 위험에 처한 절박한 상황에서 서유구는 단 한 번도 해보지 않았던 농사를 지을 수밖에 없었다. 그러나 그렇게 시작한 농사일을 통해서 한 톨의 쌀알이 얼마나 소중한가를 절실하게 느꼈다. 그리고 그것을 생산하는 농사일이 왜 가장 근본이 되는 일인가를 책에 의해서가 아니라 온몸으로 직접 깨닫게 되었다. 그러나 한편 학자요, 조정의 관원이었던 서유구는 그저 한낱 농사꾼에 머물지는 않았다. 농사를 지으면서 그 경험들을 꼼꼼히 기록했다. 작은 실패라도 농사를 더 잘 짓기 위한 연구의 계기로 삼았다. 그러는 동안 할아버지, 아버지, 그리고 정조도 바랐던, 조선에 꼭 필요한 농서를 만들어야겠다는 의지가 싹텄다. 하루하루 먹고살아야 하는 힘겨운 생활 속에서 서유구만이 할 수 있고 해야 하는 일을 찾게 된 것이다.

> 나는 귀농한 이래 농사와 뽕나무 기르는 일을 늘 생각했다. 밭을 일구고 개간하는 기술, 작물 재배법, 가축 기르는 법, 재해 대비법 등을 두루 기록하여 잊어버릴 때를 대비했다. …
>
> 천하의 만물 가운데 우주와 고금을 다 들추어 헤집어 하루라도 없어서는 안 되는 것을 찾을 때 가장 요긴한 것이 바로 곡식이고, 천하의 만사 가운데 우주와 고금을 다 들추어 헤집어 귀하고 천함과 지혜로움과 어리석음을 가리지 않고 하루라도 어두워서는 안 되는 일 가운데 가장 중요한 것이 바로 이 농사이다.
>
> ―『행포지』 서문 중에서

그러면서 서유구는 그동안 읽었던 많은 농서들은 뭔가 조금씩 부족하다는 것을 알게 되었다. 농사를 지으면서 책들을 읽다 보면 그 문제점을 더욱 잘 알 수 있었다. 직접 농사를 짓는 일은 제대로 된 농서를 만드는 데 반드시 필요한 경험이었다. 낮에 일하고 밤에 그 내용들을 정리하고, 봄, 여름, 가을에 농사지은 경험들이 한겨울에 오롯이 기록으로 남았다. 어린 나이에 공부를 시작했고, 내내 글을 써왔고, 관리가 되어서는 책 만드는 일에 전념해왔던 서유구였다. 예전의 벼슬을 하던 삶으로 돌아갈 수 있다는 희망만을 바라며 하루하루를 낭비할 수는 없었다. 농사짓고, 연구하고, 백성들에게 꼭 필요한 농서를 만드는 일, 그 일이 이제 서유구의 과업이 되었다. 서유구가 기록한 농사의 체험은 《임원경제지》의 첫 지인 『본리지』에 고스란히 담겼다.

## ◆ 아들, 조카 등의 교육에 힘쓰다

갑자기 집안이 몰락하게 되자 우보를 비롯한 사촌 동생들 서유긍, 송지양 등 집안의 젊은 사람들이 걱정이었다. 이제 이들에게는 과거시험을 봐서 관리가 될 수 있는 길이 막혀버린 것이다. 그렇다고 해서 그냥 내버려둘 수는 없었다. 자신은 다시 벼슬을 못하더라도 시간이 흘러 정세가 바뀌면 이들에게 틀림없이 기회가 올 것이었다. 서유구는 아들 우보와 어린 사촌 동생들 서유긍과 송지양 등에게 직접 글을 가르쳤다.

서유구는 『사기』 등의 역사서를 읽혔다. 『사기』는 서유구가 일곱 살 때 유금에게 배우면서 제법 날카로운 질문을 던졌던 책이었다. 서유구는 특히 문장의 특징을 구체적으로 가르쳤다. 문구와 문구의 관련이나 글을 다른 곳에 옮겨 쓰는 법, 그리고 정확한 사실 관계의 파악 등에 대해서 꼼꼼하게 가르쳤다. 역사서를 읽을 때 지명이 어떻게 해서 만들어졌는지 잘 알아야 한다고 하면서 지명을 들어 상세히 설명해주기도 했다.

어려움 속에서 공부하는 우보와 사촌 동생들은 한 시각도 아까워하며 열중했다. 그런 모습을 지켜보는 서유구의 마음속에는 이들이 그저 글밖에 모르는 속 좁은 서생이 되면 어쩌나 슬쩍 염려가 되었다. 그래서 서유구는 놀이를 통해서 마음의 여유를 느껴보라고 이들에게 남승도覽勝圖를 건네주었다. 남승도는 전국 각지의 명승지를 적어놓은 판을 가지고 하는 놀이다. 일정한 간격으로 칸을 나눠 그 안에 명승지 이름을 써 넣은 말판이 남승도다. 남승도 놀이는 말판의 한양 도성을 출발점으로 하여 팔도의 명승지를 돌아 가장 먼

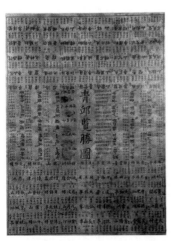
남승도 중의 하나인 청구람승도

저 도성으로 들어오는 사람이 이기는 놀이였다. 명승지 한 곳에 도착하면 우선 명승지의 유래를 댄 다음 그와 관련된 시 한 수를 읊어야 다음으로 갈 수 있었다. 만일 유래를 읊지 못하면 벌로 술을 마셔야 했다.

명승지를 직접 유람하는 것은 아니었지만 술도 마시고 시도 지으면서 명승지를 간접적으로 유람하는 일석삼조의 효과가 있었다. 남승도 놀이를 끝내고 이들이 가

져온 시를 보고 서유구는 시골에서 농사지으며 틈틈이 공부를 해도 나름의 정취가 있음을 알고 내심 안심했다. 이렇듯 서유구는 세심하게 아들과 조카, 사촌들을 지도했다.

## ◈ 임원경제지의 편찬을 시작하다

1813년 서유구의 나이 오십이었다. 서유구는 마침내 시골생활에 필요한 책을 편찬하겠다는 결심을 실행에 옮기기 시작했다. 벼슬에서 물러나 농촌에서 생활한 지 8년째가 되던 해였다. 이제 서유구는 8년의 경험을 가진 선비 농사꾼이었다. 8년 동안 농사를 지으면서 홍수나 가뭄으로 흉년을 겪어보기도 했고, 풍년의 기쁨을 맛보기도 했다.

또한 거름을 만들어 땅을 비옥하게 하고, 농기구를 사용하여 농사의 효율을 높이고, 모종을 내고, 모내기를 하고, 수확하는 등의 농사의 전 과정을 여러 번 반복한 전문농사꾼이었다. 하지만 서유구는 다른 농사꾼들과는 달랐다. 그냥 농사만 짓는 것이 아니라 농사를 짓기 위해서 많은 농서를 보고 연구를 했고, 실패를 했거나 성공을 한 경우 등을 꼼꼼히 기록했다. 그것

1825년 완성한 『행포지』

길쌈하고 염색하는 모습을 그린 유운홍(1797-1859)의 풍속화

을 가지고 우선 『행포지』라는 책을 쓰기 시작했다. 『행포지』에는 자신의 농사의 체험과 연구를 바탕으로 한 농사에 필요한 지식을 담았다.

또한 음식에 관한 책인 『옹치잡지』도 썼다. 농사가 1차로 곡물이나 채소 등을 생산하는 것이라면, 그것을 가지고 가공한 것이 음식이고, 음식을 만들어야 비로소 먹을 수 있게 된다. 자연스레 음식에 대해 관심을 가지게 되었다. 『옹치잡지』는 이후 《임원경제지》에서 음식을 다루고 있는 『정조지』에 많은 부분이 인용되었다. 『정조지』에 그토록 많은 음식의 조리법을 세세히 기록할 수 있었던 것은 바로 『옹치잡지』가 있었기 때문이다.

임원에서 자립적으로 생활하기 위해서는 농사만이 아니라 다른 많은 것이 필요했다. 그중에는 남자가 잘 알지 못하는 부분이 많았다. 음식이나 길쌈, 그리고 일상의 생활에서 필요한 여러 물품에 관한 것 등이 그것이다. 하지만 서유구가 당시로서는 여자의 일로 되어 있던 음식에 관심을 가질 수 있었던 또 다른 이유는 할아버지의 영향도 컸다. 서유구가 존경했던 할아버지 서명응은 젊어서 부엌에 자주 드나들었다.

남자가 부엌을 출입하면 큰일이라도 나는 줄 알았던 시대였다. 하지만 할아버지는 신혼 초, 아내가 있었음에도 직접 부엌에 들어가 요리를 해서 자신의 어머니의 시중을 곡진하게 들었다. 혹시나 살림살이하느라 공부를 멀리할까 할머니 이씨가 걱정을 했을 정도였다. 그러니 서유구 역시 농촌에 은거하던 이때에 직접 밥을 짓고 음식을 해서 어머니를 봉양하는 것은 자연스러웠다. 물론 서유구는 어머니와 형수로부터 이런 부분에 많은 도움을 받았다.

어머니는 집안 살림에 매우 뛰어나신 분이었다. 특히 음식 솜씨가 매우 좋으셨다. 시냇가의 풀도 어머니의 손을 거치기만 하면 모두 색다른 맛이 나는 훌륭한 음식이 되었다. 형수인 빙허각 이씨는 몸소 차밭을 일구고 길쌈을 하는 등 집안 살림을 하면서 한글로 된 생활백과사전을 펴냈다. 이것이 『규합총서』이다. 『규합총서』는 빙허각 이씨가 집안의 딸과 며느리들에게 읽힐 생각으로 쓴 책이다. 서유구는 어머니의 음식 솜씨와 형수의 책 등을 참고로 해서 《임원경제지》에 대한 생각을 보다 구체화할 수 있었다.

이것으로 시작해서 시골생활에 필요한 모든 것에 관한 지식이 담긴 책이 구상되고 하나씩 쓰이기 시작했다. 먹을 것을 생산하는 것과 관련된 농업, 어업, 축산, 사냥, 화훼, 약초 등등의 지식, 그리고 거주해야 할 집에 관한 것, 즉 지리와 건축, 입을 옷에 관한 것, 옷감과 옷 만들기, 먹을 음식에 관한 것, 몸과 마음을 기르는 일에 관한 것, 건강과 관련된 것, 취미와 문화생활, 경제와 상업 등등이 담긴 책이었다. 서유구는 《임원경제지》의 목차를 정하고, 여러 책들을 섭렵하면서 내용들을 하나씩 채워나가기 시작했다. 이것이 바로 시골생활을 하는 데 필요한 실용적인 모든 지식이 담긴 책, 생활실용백과사전, 《임원경제지》다.

어쩔 수 없이 시작한 시골생활이 8년이 되던 해인 1813년에 시작된 《임원경제지》는 1842년에야 완성된다. 30년에 걸친 대장정이 드디어 시작되었다.

서유구의 일생 중에서 가장 중요한 시기가 바로 농촌에 은거한 18년의 시기가 될 수 있었던 것이 바로 이 일, 《임원경제지》의 구상과 집필 때문이었다.

숙종의 명으로 진재해(1691-1769)가 그린 〈숙종어제잠직도〉. 농사짓기와 누에치기를 소재로 그렸다.

천하에 학문을 연구하는 사람은 많다. 구류의 백가가 다투어 자기 학설을 세워, 전대를 계승하고 후대에 빛나기를 바라는 게 얼마나 많은가? 나는 유독 농가자류에 각별히 공을 들여 나이가 들고 기력이 다하도록 그치지 않았다. 이는 정말 어째서인가?

나는 예전에 유학의 경전들을 연구한 적이 있는데, 말할 만한 것은 예전 사람들이 이미 모두 말해놓았다. 그러니 내가 또 두 번 말하고 세 번 말한들 무슨 보탬이 되겠는가? 나는 예전에 경세학을 한 적이 있지만 그것은 처사가 머릿속으로 생각해본 말이라 흙으로 만든 국일 뿐이요, 종이로 빚은 떡일 뿐이니, 아무리 재주가 좋은 들 무슨 보탬이 되겠는가? 이런 의심이 들자 범승지와 가사협의 농학에 매달렸으니, 오늘날 앉아서는 말할 수 있고, 일어서서는 실용에 적용할 수 있는 것은 오직 이것뿐이며, 조금이나마 천지가 나를 길러준 은혜에 보답하는 길도 여기에 있고 저기에는 없다고 생각했다. 아! 그러니 내 어찌 그만둘 수 있겠는가? 하루도 늦춰서는 안 되는 급선무인데도 온 세상 사람들이 하찮게 여겨 달가워하지 않는 일로 되어버려 한번 경작하면 백사람이 먹을 수 있는데도 십 년 동안 구 년간 흉년이 들었으니, 떠돌아다니다 굶어죽어 골짜기에 뒹구는 저 사람들이 무슨 자기 힘으로 노동하여 먹고 사는 선비를 위한 것일 뿐이겠는가? 세상의 대인선생들이여 비웃지 마라.

— 『행포지』 서문 중에서

서유구의 형수 빙허각 이씨는 아버지 이창수, 어머니 유씨 부인 사이에서 태어난 막내였다. 이씨 집안은 세종의 열일곱 째 아들인 영해군의 후손으로 대대로 높은 벼슬을 했던 명망 높은 집안이다. 외가는 사물을 탐구하는 명물학과 고증학 분야에 일가를 이룬 집안이었다. 외숙모 사주당 이씨(1739~1821)는 『태교신기胎敎新記』라는 아기를 가진 여자들을 가르치기 위한 책을 지었다. 본래 한문으로 되어 있던 책을 아들 유희柳僖가 한글로 번역하고 발문을 써서 1801년 『태교신기언해』를 완성했다. 빙허각 이씨는 서유본과 혼인한 이후 농학연구의 일가를 이룬 서씨 집안의 실학적 학풍에도 영향을 받았다. 『규합총서』에 인용한 책 중에는 시아버지 서호수의 『해동농서』가 들어 있다.

한글로 지어진 『규합총서』

1809년 가을 내가 동호에서 살 때 집안에서 밥 짓고, 반찬 만드는 틈틈이 사랑방에 나가 옛글을 읽었다. 읽으면서 보니 옛글들은 일상생활에 매우 필요한 내용들을 담고 있다는 것을 알게 되었다. 그래서 산야에 묻힌 모든 글들을 구해서 보고 또 손길 닿는 대로 펼쳐 보며 견문을 넓히고 심심풀이를 삼기도 하였다. 그러다가 문득 '총명함이 무딘 글만 못하다'는 옛사람의 말이 생각났다. 적어 두지 않는다면 어찌 잊어버렸을 때 도움이 되겠는가! 그래서 모든 글을 보고 그중 제일 요긴한 말을 가려서 적고 혹 따로 나의 소견을 덧붙여 다섯 편을 만들었다.

―『규합총서』 서문

작은아버지 서형수의 유배로 집안이 몰락하고 남편이 벼슬을 그만두자 빙허각 이씨는 차밭을 일구며 남편과 함께 독서를 하고 글을 썼다. 남편과 여러 가지 책에 대해 토론하고 시를 주고받으며 지내면서 써낸 책이 『규합총서』이다.

『규합총서』는 다음의 다섯 권으로 되어 있다. 규합은 여성들이 거처하는 공간을 가리키며, 총서는 시리즈로 된 책을 가리킨다.

| 권명 | 내용 |
|---|---|
| 주사의<br>酒食議 | 장 담그기, 술빚기, 초빚기, 김치, 생선, 고기, 나물, 떡,  약과 만들기 등 |
| 봉임측<br>縫紝則 | 옷 만들기, 염색하기, 천짜기, 수농하기, 누에치기, 문구류와 그릇 및 등잔 관리, 머리모양, 화장법 등 모든 일상생활에 필요한 것 |
| 산가락<br>山家樂 | 밭 갈기, 과실수 기르기, 꽃 기르기, 꽃품평, 세시기록, 날씨, 가축 기르기, 양봉 등 농가생활에 필요한 모든 것 |
| 청낭결<br>靑囊訣 | 태교, 육아, 구급법, 물린 데 치료법, 민간요법, 벌레 박멸법, 팔도특산물 등 |
| 술수략<br>術數略 | 집의 방위, 재난에 대처하는 법 등 |

많은 내용을 정리·기록하기 위해서 빙허각 이씨는 엄청난 양의 독서를 했다. 인용한 책의 분량도 매우 많았다. 단지 인용만 한 것이 아니고, 여러 책을 비교하고, 직접 실험해보고, 새로운 내용을 덧붙여 넣었다. 책을 한글로 쓴 이유는 딸과 며느리들에게 읽히기 위해서였다. 내용이 매우 유익해서 빙허각 이씨가 살아 있을 때 많은 이들이 빌려다 읽었다. 이 책은 단지 여성들의 책이라기보다는 성별을 넘어 삶을 경영할 수 있는 다방면의 지식을 담고 있다는 점에서 의미가 있다. 빙허각 이씨는 이외에 『빙허각시집』과 『청규박물지』 등도 저술했다.

# ❧ 의지했던 두 분이 돌아가시다

서유구가 벼슬을 물러나 농촌을 떠돌아다니는 힘겨운 생활 속에서도 그를 지켜준 어머니 한산 이씨가 세상을 떠났다. 1813년이었다. 어머니는 아버지와 같은 담대함과 강직함이 있으셨던 분이었다. 직접 농사를 지어 밥상을 올린 아들에게 농사짓는 일의 귀함을 알려주셨던 분이었다. 이색 선생 집안의 딸답게 지혜로웠으며, 집안 살림살이에도 뛰어나셨다. 서유구가 옷감 만드는 일이나 음식에 정교한 관심을 가지게 된 것은 모두 어머니 덕분이었다.

> 어머니는 밥 짓기와 요리를 매우 잘하셨다. 재료는 적게 쓰면서도 많이 들어간 요리와 맞먹었고, 사람을 적게 부리면서도 많이 부린 요리와 맞먹었다. 시냇가의 물풀이나 들의 푸성귀도 그분의 손을 거쳐 데치기만 하면 모두 색다른 맛이 났다. 시골 구석의 아녀자나 계집종도 몇 개월만 일을 시키면 바로 선수가 되었다. 비록 분가한 종친이나 집안이라도 제사를 올리거나 손님을 접대하는 큰일이 있으면 술과 음식에 대한 의논을 어머니께 상의하지 않은 적이 없었다.
>
> —『금화지비집』

귀농생활 내내 함께했던 어머니가 돌아가시기 얼마 전 어린 우보를 돌봐주셨던 박씨 할머니도 돌아가셨다. 박씨 할머니는 할아버지가 평안도 관찰사 시절 평양에서 만난 사람이었다. 할아버지가 돌아가셨을 때 아직 젊고 자식이 없어서 평양으로 돌아가 재혼하시기를 권했지만 그대로 서유구 집안에 남았다. 박씨 할머니는 용주에서 서유구 내외가 할아버지와 함께 있을 때도 같이 살았던 터라 아내인 여산 송씨와도 가까운 사이였다. 여산 송씨가 죽으면서 아들 우보를 맡아 키워달라 당부했던 분이었다. 그런 박씨 할머니마저 세상을 떠났다. 우보에게는 어머니와 같은 존재였다. 다섯 살 이후로 우보를 살뜰하게 보살펴준 은인이었다.

## ◈ 아직 끝나지 않은 시골생활

이곳저곳을 떠돌며 정착하지 못했던 서유구는 마침내 난호에 새집을 마련했다. 1815년의 일이다. 난호는 고향인 파주 장단 근처로 임진강 변의 마을이었다. 난호에 정착하기 전인 1811년에는 두호라는 곳에 살았고, 한 해 뒤인 1812년에는 대호라는 곳에 머문 적도 있었다. 이리저리 옮겨 다니는 고단한 생활이었다.

임진강 가의 마을이라 고기잡이를 할 수 있었다. 농업의 경험은 많이 쌓았지만 어업의 경험은 없었던 서유구는 우보와

함경남도에서 발원하여 황해도와 경기도 파주시 사이에서 한강으로 유입되어 서해로 흐르는 임진강

난호의 어종을 정리하고, 고기잡이법을 기술한 『난호어목지』

고기잡이를 하면서 물고기에 대한 책을 쓸 수 있었다. 이곳에서의 고기잡이의 경험을 토대로 하여 바다와 강의 물고기를 정리해서 『난호어목지』라는 책을 썼다. 이 책의 내용은《임원경제지》중 한 권인 『전어지』에 기록되었다.

이제 아들 우보도 어느덧 이십 대에 접어들었다. 귀농기 내내 아들 우보는 든든한 동반자였다. 함께 농사를 지었고, 서유구가 글을 쓸 때 자료를 모으고 교정을 하는 등의 일들을 도왔다. 동생인 서유락도 난호로 이사를 왔다. 형제들이 오랜만에 모여 살게 된 것이다.

그러는 사이 세상은 조금씩 변화하고 있었다. 조정에서는 오랜 정치적인 갈등을 해소하기 위해서 대대적인 사면[3]과 복권[4]을 실시한다는 소식도 들려왔다. 오랜 기간 유배되어 있던 정약용을 사면하기로 했다는 이야기도 들려왔다. 그리고 세도정치로 인해 고통받는 백성들을 구제하기 위해서 삼정의 문란을 바로잡으려고 순조가 전국적인 농지 조사령인 양전시행령[5]을 내렸다. 1819년의 일이다.

---

**3 사면(赦免)**
지은 죄를 용서하여 형벌을 면제해주는 것

**4 복권(復權)**
국가가 사람의 상실한 자격이나 권리는 회복시켜주는 것

**5 양전시행령**
토지조사. 삼정의 문란을 바로잡기 위해서는 전국의 농지에 대한 정확한 통계가 필요했다. 홍수 등 자연재해로 유실된 토지도 있었고 황무지 개간 등으로 늘어난 토지도 있었다. 변동 상황을 반영하여 새롭게 전국적인 단위의 농지조사가 필요했는데, 이것을 양전이라고 한다.

## ❖ 의상경계책을 짓다

순조가 농지에 대한 조사를 하라는 명령을 내렸다는 소식을 들은 서유구는 순조에게 올리기 위해 「의상경계책擬上經界策」이라는 글을 쓰기로 마음먹었다. 그동안 농사를 지으며, 자료들을 보면서 연구해온 결과물들은 차곡차곡 쌓여갔다. 하지만 정작 그것이 널리 쓰일 방도는 없었다. 그러다 순조가 농지조사를 실시해서 백성들의 피폐해진 삶을 보살피려 한다는 소식이 들려온 것이다. 지금 말하지 않는다면 자신의 그간의 경험과 연구는 다시는 쓸 데가 없을지도 모른다는 절박감이 들었다. 그래서 서유구는 감히 글을 올리기로 했다. 「의상경계책」은 '임금이 내리는 책문에 답하는 형식을 본떠서 쓴 토지경계에 대한 대책'이라는 뜻이다. 초계문신이던 시절 정조가 내린 책문에 대책으로 쓴 「농대」가 떠오르는 대목이다.

삼가 아룁니다. 일이 닥쳤을 때 널리 묻는 것은 밝은 임금이 마땅히 해야할 일이고, 때를 만나 대책을 바치는 것은 뜻있는 선비의 바람입니다. 신은 초야에 묻혀 살면서 아침저녁으로 하는 일이 밭 가는 농부와 김매는 농부의 일이 전부입니다. 눈과 귀로 듣는 바는 땅을 갈고 파종하여 작물을 키우는 일입니다. 그리하여 생각하는 바가 논밭을 벗어나지 못하고 걱정하는 바도 세상 어느 사람보다 먼저 앞서 하고 있습니다.

생각하건대, 우리 조선의 전제에서 시급히 개혁해야 할 것으로 두 가지가 있고, 양전법에서 시급히 갈고 닦아야 할 것으로 세 가지가 있습니다. 농정에서 시급히 깨우치고 권장해야 할 것으로 여섯 가지가 있습니다. 가슴속

에 품고 있는 말은 날로 많아지는데 임금에게 올릴 길이 없습니다. 근래에
들은 바에 따르면 양전을 시행하라는 왕명이 버려졌다고 합니다. 지금 상
황에서 말하지 않는다면 내 가슴속의 말이 제대로 나오지 않을 것 같습니
다. 문득 감히 그 설을 조목으로 나누어 경계책 하나를 작성하고 목욕재계
하여 잘 써서 올립니다.

—「의상경계책」

조정은 변화하고 있었다. 그렇지만 자신이 언제 다시 조정에 나가 뜻을 펼
치게 될지는 모를 일이었다. 농촌에서 농사짓고 글을 쓰다 결국 생을 마치게
될지도 모를 일이었다. 이미 서유구의 나이 57세였다. 1820년, 농촌으로 내
려온 지 15년이 되었다. 임금에게 말할 수 있는 마지막 기회일지도 몰랐다.
서유구는 이 글에서 농업에 대한 체계적인 개혁안을 제시했다.

큰 주제는 '토지 제도 개혁', '토지 측량법 개혁', '농정 시행법 개혁' 세 가지
였다. 각각의 주제는 다시 몇 가지 세부주제로 구성되었다.

「풍석전집」에 실려 있는 「의상경계책」

## 1. 토지제도에서 서둘러 개혁해야 할 두 가지

1) 결부법을 경묘법으로 고쳐야 한다.

2) 척파 보를 바루어 옛 제도를 따라야 한다.

## 2. 토지조사법 서둘러 강구해야 할 세 가지

1) 방전법을 써서 은닉한 땅을 찾아내야 한다.

2) 농지 계산법을 나뉘주어 미리 연습하도록 해야 한다.

3) 전담 기관을 설치하여 근무 태도를 평가해야 한다.

## 3. 농정에서 서둘러 시행해야 할 여섯 가지

1) 북극고도(위도)의 측정으로 정확한 때를 알려주어야 한다.

2) 농법을 가르쳐 땅심을 다 쓰도록 해야 한다.

3) 좋은 종자를 구입하여 재해에 대비해야 한다.

4) 수리를 진흥시켜 가뭄과 장마에 대비해야 한다.

5) 번전反田을 금지하여 명과 실을 밝혀야 한다.

6) 둔전을 넓혀 재정을 확보해야 한다.

서유구의 대책들은 당장 백성들에게 필요한 매우 구체적이고 현실적인 것이었다. 농촌에 살면서 직접 농사를 지어보지 않으면 도저히 세울 수 없는 대책이었다. 그런 점에서 정약용이 제시한 이상적인 토지제도인 여전제[6]와는 달랐다. 「의상경계책」에는

─────────────────
**6 여전제(閭田制)**
조선후기 정약용이 구상한 토지제도이다. 마을 단위로 공동 농장을 만들어 작물을 공동으로 재배하고 집안의 노동력에 따라 수확을 나눠 가지는 제도이다. 정약용도 이 제도가 실현성이 없다고 생각하여 정전제를 주장하였다.

구체적인 대책들과 함께 그것을 실행에 옮길 수 있는 관리가 어떤 사람인가에 관한 견해도 밝혔다. 글만 아는 선비, 사대부는 농업정책을 제대로 펼칠 수 없다는 것이 서유구의 생각이었다. 제대로 정책을 실행하려면 농업에 밝은 사람을 선발해서 시험해본 다음 고을의 수령을 맡겨야 한다는 것이 서유구의 제안이다. 글도 배우되 농업에도 밝은 사람이 필요하다는 것이다.

「의상경계책」은 큰 틀에서 농업정책을 제시한 것으로 서유구의 정치적인 견해가 담겨 있었다. 시골생활을 하면서 써왔던 농업기술이나 옷감, 음식 등과 관련된 글들과는 성격이 달랐다. 요컨대 「의상경계책」에는 서유구가 조정에서 해야 할 일들이 들어 있었다. 즉, 조정에 나가서 관리로 일하고 싶다는 간절한 뜻을 담고 있는 것이었다. 하지만 서유구는 「의상경계책」을 순조 임금에게 올리지 못했다. 그가 시골에서 생활한 십 년이 넘는 기간 동안 경험하고 연구해서 마련한 농업정책의 대안들은 당시 조선의 현실에서는 실현될 수 없었다. 순조가 명령한 양전시행령 역시 실시되지 못했다. 그럼에도 서유구가 건재함을 알리는 기회는 될 수 있었다.


## ❖ 형과 형수가 돌아가시다


쉰아홉 되던 해, 예순한 살 형 서유본이 세상을 떠났다. 형은 두 살 터울이라 같은 스승 아래 글을 배우고 학문을 익혔던 가장 가까운 벗이었다. 할아버지, 아버지, 어머니가 돌아가신 뒤에는 서로 의지하며 농촌생활을 버텨낸 동

부부가 혼인한 지 60년이 된 것을 기념하기 위해 다시 한 번 혼인의식을 치르며 장수를 축하하던 회혼례 잔치를 그린 〈회혼례도〉. 서유본. 빙허각 이씨 부부는 다정한 부부였지만 회혼례는 치르지 못한 채 세상을 떠났다.

반자였다. 형이 죽자 서유구는 하루하루 지옥을 헤매는 것 같았다.

그런데 형수마저 형의 뒤를 따라 세상을 떠나고 말았다. 빙허각 이씨가 누구던가! 열여섯 어린 나이에 시집와 서유구에게 글을 가르쳐준 총명한 여성이었다. 집안이 몰락해서 농촌에서 힘겹게 살아가면서도 한 번도 힘들다는 내색을 하지 않았던 든든한 버팀목이었다.

형과 형수는 참으로 사이가 좋은 부부였다. 열셋, 열여섯 살의 어린 나이에 혼인해서 나란히 책을 읽던 평등한 벗이었다. 학문을 함께 연구하고, 토론하며 세상의 길을 열어나가던 동문이기도 했다. 집안이 몰락하고 하루아침에 이름만 양반인 초라한 처지가 되었을 때는 힘을 합쳐 스스로 생계를 잇기 위해 농사도 함께 지었다. 두 사람이 머리를 맞대고 의논하고 공부해서 특수 작물인 차밭을 일구었다. 차 농사는 정성을 많이 들여야 했다. 서유본은 관련 서적을 모두 찾아 읽으며 빙허각 이씨의 차 농사를 도왔다.

세월이 흘러 생활이 조금씩 안정되자 그 모든 생활의 기록을 남길 생각을 하는 아내를 남편은 격려했다. 빙허각 이씨가 『규합총서』를 집필하도록 서유본은 아내를 묵묵히 도왔다. 당시에는 보기 드물게 평등했던, 그리고 서로 사랑하며 50여 년을 함께한 사이였다. 남편을 먼저 떠나보내자 빙허각 이씨는 더는 살아야 할 의미를 찾지 못했다. 스스로 음식을 거부한 채 절명시[7] 한 편을 남기고 남편을 따라 세상을 떠났다.

평생 의지했던 형님 부부가 세상을 떠나자 서유구는 세상이 온통 텅 빈 듯 무엇을 해야 할지 어떻게 살아야 할지 아무런 의욕이 생기지 않았다. 그런데 형수가 떠나던 그해 서유구에게 복직하라는 왕의 명령이 내려왔다. 회양부사로 임명된 것이다.

사는 것은 취한 것이요 죽는 것 또한 꿈이러니

생사는 본래 참이 아니라네.

몸을 부모께 받았거늘

무슨 이유로 티끌처럼 여기는가.

태산과 홍해는

의를 따라 변하는 것이라네.

내 혼인할 적 마음 생각하니

시속에 비할 바가 아니었네.

아름다운 우리 짝 금란지교 겹한 지

이미 오십 년을 가꾸었네.

자기를 좋아해주는 이를 위해 단정함은 알지 못하나

지기의 은혜는 보답할 수 있으리.

이제 죽을 자리를 얻었으니

일편단심 신에게 질정 받으리.

생을 버려 지우에게 사례하리니

어찌 내 몸을 온전히 하리오.

— 빙허각 이씨 절명시

임원에서 은거한 지 18년 만인 1823년 11월

서유구는 지방 관리 회양부사의 직을 맡아 조정의 관리로 복귀했다.

서울로 돌아온 것은 아니었지만 이때부터 시작해서 1845년까지 서유구는

제2의 관직생활을 이어갔다. 그런데 제1차 관료 시기와 환경이 매우 달랐다.

정조 대의 개혁정치와 순조 대의 세도정치,

그리고 이삼십 대의 젊은 서유구와 육십 대의 서유구….

서유구는 그전과 다른 사람이었다.

시골생활의 경험을 바탕으로 지방 관리로서의 능력을 발휘하였다.

그러는 사이 동생과 아들이 죽는 비운을 겪었다.

이후 내직으로 발령받고 다시 한양으로 돌아와

여러 관직을 두루 역임하였다.

# 5장

# 다시 관직에 나가다

1824년-1838년
· 61세부터 75세 ·

## ■ 2차 관직시기의 활동

**1824년(순조24) 61세**    유배 중이던 작은아버지 서형수가 임피현 유배지에서 사망하다.

**1825년(순조25) 62세**    고구마 종자를 얻어 재배하다. 『행포지』를 완성하다.

**1826년(순조26) 63세**    양주목사에 임명되다.

**1827년(순조27) 64세**    강화유수에 임명되다. 임지에서 아들 서우보가 사망하다.

**1829년(순조29) 66세**    사헌부 대사헌에 제수되다. 광주유수를 제수받았으나 양부 서철수의 상을 당하여 바로 교체되다.

**1830년(순조30) 67세**    2월 동생 서유락이 사망하다. 효명세자가 갑작스럽게 사망하다.

**1832년(순조32) 69세**    2월 비변사제조 예문관 제학에 제수되다. 7월 사헌부 대사헌에 제수되다. 8월 예조판서 겸 예문관 제학에 제수되다. 9월 호조판서에 제수되다. 12월 홍문관 제학에 제수되다.

**1833년(순조33) 70세**    봄, 기로소에 들어가다. 3월 전라도관찰사에 제수되다. 『완영일록』을 쓰고, 기민 구휼과 농업생산성 향상에 전념하다.

**1834년(순조34) 71세**    봄 호남을 순시하고 구황작물인 고구마 종자를 배포하고 고구마 제조법인 『종저보』를 간행하여 널리 배포하다. 11월 순조 승하하다.

**1835년(헌종 1) 72세**    봄, 전라관찰사에서 체직되고 중앙으로 복귀하여 의정부 좌참찬, 규장각 제학, 병조판서를 제수받다.

**1836년(헌종 2) 73세**    1월 수원유수로 부임하다. 수원유수 재직 기간 동안의 업무를 화영일록으로 기록하다. 정약용 사망하다. 5월 규장각에서 『순조대왕어제』 등을 간행하여 올리다.

**1837년(헌종 3) 74세**    3월 장단에 있던 살림들을 동교의 번계로 옮기다 식솔들을 번계로 이주시키다.

**1838년(헌종 4) 75세**    사헌부 대사헌에 임명되다. 사헌부 사직상소와 함께 「비황삼책」 상소를 올리다. 번계에 거주하기 시작하다. 서유구가 심상규의 묘비를 짓다. 『보만재집』을 간행하다.

## ❖ 다시 관직에 나가다

세상은 변하기 마련이다. 변화할 것 같지 않았던 세상이 달라지는 데 18년이 걸렸다. 집안 몰락의 기점이 되었던 작은아버지 서형수의 유배지가 섬인 추자도에서 육지인 임피현으로 옮겨졌다. 섬 유배형은 유배형 중에서도 중형에 해당했으니 죄가 조금은 감면된 셈이었다. 그리고 얼마 뒤 순조는 서유구를 회양부사로 임명했다. 1823년 11월의 일이다. 드디어 복직이 된 것이다.

복직이 되었다고는 하지만 그의 나이 이미 예순이었다. 왕의 부름을 받기는 했지만 관직에 나가야 할지 고민이 되었다. 서유구는 아들 우보를 생각했다. 우보는 서유구를 도와 시골에서 농사를 짓고, 집안을 돌보아왔다. 이제 혼인하여 한 집안의 가장이 되었다. 그리고 언제가 될지 모르는 때를 기다리며 집안을 일으키기 위해 틈틈이 공부도 해왔다. 이런 아들에게 기회를 주려면 관직을 받는 것이 도움이 될 듯했다. 그리고 또 하나 「의상경계책」에서 제안했던 농정을 펼쳐 보일 수 있는 기회이기도 했다. 자신의 18년간의 시골 생활이 헛된 것이 아님을 실제로 확인해볼 수 있는 기회이기도 했다. 결국 서유구는 관직에 나가기로 결정하고 강원도의 외진 땅

제주시에 속해 있으며, 제주시에서 가장 북쪽에 위치한 추자도. 서형수가 오랫동안 유배되었던 곳이다.

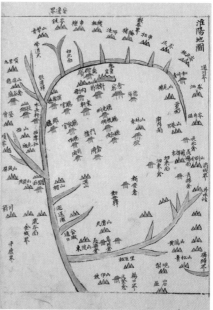

해동지도에 나타난 서형수의 유배지 임피현. 임피현은 군산의 옛 지명이다.

1871년에 편찬된 규장각 소장 관동읍지에 수록된 회양도호부의 그림식 지도. 지도 가운데 동헌과 객사 등 관아 건물이 그려져 있는데, 이곳은 회양면의 읍내리다.

회양으로 떠났다.

서유구가 복직이 된 다음 해 안타깝게 서형수가 일흔여섯의 나이로 유배지에서 세상을 떠나고 말았다. 시간이 조금만 더 있었더라면 분명 유배가 풀렸을 것이고, 20년 동안 만나지 못했던 작은아버지를 만날 수 있었을 것이다. 어려서 자신에게 학문을 전수해주었고, 서로의 마음을 가장 잘 이해했던 조카와 작은아버지는 결국 살아서는 다시 얼굴을 보지 못했다. 서유구는 자신에게 소중한 가르침을 주었던 작은아버지를 추모하며, 제문을 지어 올렸다. 이 제문에서 서유구는 서형수를 자신에게 목숨과 같은 존재라고 적었다. 어째서 20년을 기다려왔는데 자신을 조금 더 기다려주지 않았느냐고 원통한 심정을 표현했다.

서형수는 세상을 떠난 뒤에야 죄인이라는 누명을 벗게 되었다. 순조가 그를 죄인 명부에서 지울 것을 명한 것이다. 서유구의 집안은 이로써 완전히 복권되었다.

## 목민관으로서
### 백성을 위해 일하다

복직되어 회양부사에 임명된 서유구는 관직을 떠날 때까지 1826년 양주목사, 1827년 강화유수[1], 그리고 1836년 수원유수 등의 지방 관리로 일했다.

회양은 지금은 북한 땅에 속해 있는 강원도 산간 지역이다. 서유구가 도착해보니 사방이 산으로 둘러싸여 있고, 백성들은 여기저기 흩어져 살고 있었다. 논밭은 매우 황폐했고 생산되는 곡물은 턱없이 부족해서 백성들은 늘 굶주렸다. 황폐화된 농지를 살리는 것이 무엇보다 시급했다. 그러려면 소를 이용해서 땅을 갈아 개간하는 것이 필요했다. 소는 농사짓는 데 매우 유용했다. 어른 몇 명이 할 일을 한 마리 소로 해낼 수 있었다. 하지만 가난한 백성들은 소를 마련할 능력이 없었다. 서유구는 소 살 돈을

**1 유수(留守)**
조선시대 지방행정구역은 8개의 도가 있고, 도 아래에 중요성과 규모에 따라 부, 목, 군, 현이 있었다. 유수는 옛 수도나 왕궁의 행성이 있던 지역을 관할하는 관리다. 조선시대에는 개성, 강화, 화성(수원), 전주 등의 네 지역에 유수를 파견해서 다스렸다.

**2 공명첩(空名帖)**

조선시대 받는 사람의 이름이 적혀 있지 않은 백지 임명장이다. 관직·관작의 임명장인 공명고신첩, 양역의 면제를 인정하는 공명면역첩, 천인에게 양인이 되는 것을 인정하는 공명면천첩, 향리에게 역을 면제해주는 공명면향첩 등이 있었다. 임진왜란 중에 전공을 세우거나 납속한 자에게 발급하면서 시작되었고 전쟁 후 전후 복구와 흉년의 굶주린 백성을 구제하기 위해 계속 실시했다. 공명첩을 사는 농민들은 정부로부터 공명첩에 명시된 직위를 합법적으로 취득한 것이 되며, 이를 점차 신분상승의 수단으로 활용했다.

**3 승지(承旨)**

왕의 가까이에서 왕의 명령을 내리고 받아들이는 일을 맡은 관직이다.

마련하기 위해서 강원감사에게 공명첩[2]을 400장 받았다. 이것을 판 돈으로 소 117마리를 샀다. 소를 빌려주고 땅을 경작하게 한 후 빌려준 삯을 받아 소를 산 비용을 충당했다.

회양부사를 마친 1825년 서유구는 정3품의 벼슬 승지[3]에 임명되었다. 그리고 바로 다음 해 여름에는 양주목사, 그리고 1827년 3월에 강화유수에 임명되었다. 강화유수는 종2품 벼슬이면서 비변사[4]의 일원으로 중앙의 요직이었다. 하지만 아들 우보가 병이 들어 갈 수 없다고 사직상소를 올렸다. 그러나 막 순조의 대리청정을 시작한 효명세자가 서유구를 만류했다. 효명세자가 간절히 강화유수직을 수행해줄 것을 당부하자 어쩔 수 없이 강화유수로 부임했다.

강화유수로 부임한 서유구는 백성들이 지고 있는 빚이 얼마나 되는가를 조사했다. 허위로 작성된 문서로 인해 억울하게 빚을 지고 있는 사람들의 빚을 탕감해주고, 허위문서를 불태웠다. 또 강화부 백성들의 어려움을 덜어주기 위해서 여러 가지 대

OO를 궁내부주사 서판임관 6등자로 임명한다는 내용이 적힌 공명첩. 그림에 표시된 동그라미 부분에 임명될 사람의 이름을 적었다.

1872년 그려진 강화부 전도. 육지에서 강화로 건너는 나루는 광성진과
갑곶진의 두 군데가 있다.

책을 세워 상소를 올렸다. 순조를 대신해서 정사를 맡고 있었던 효명세자[5]는
자신이 마땅히 실행할 대책이라며 상소문을 처리하도록 했다.

 강화유수로 하루하루 바쁘게 지내던 중에도 서유구는 아들 우보 때문에 걱
정이 많았다. 우보의 병은 쉽게 낫지 않았다. 아픈 몸을 이끌고 우보는 강화
관사에 머물면서 과거에 응시하기도 했지만 합격하지 못했다. 우보의 병은
더욱 깊어만 갔다. 서유구는 어서 아들의 병이 나아 과거시험을 치르고 관직

에 나가 뜻을 펼칠 수 있기를 바랐다. 그러나 우보는 병석에서 일어나지 못하고 1827년 6월 20일 세상을 떠나고 말았다.

## ❖ 다정했던 아들, 세상을 떠나다

우보는 여산 송씨와의 사이에서 낳은 유일한 아들이었다. 우보가 열두 살이던 해에 집안이 몰락해서 18년간을 농촌에서 농사를 지으며 함께 어려운 시기를 견뎌왔다. 우보는 서유구가 초기 힘겨운 농촌 생활을 곁에서 묵묵히 도왔던 동지였다. 우보는 아버지의 농사를 돕고, 바쁜 틈을 쪼개 공부를 하면서 서유구가 《임원경제지》를 짓는 데 큰 도움을 주었다. 그렇게 세월을 보내는 동안 아버지와 아들은 서로에게 가장 애틋한 사이가 되었다. 그런 아들이 채 꿈을 이루지 못하고 겨우 서른셋의 나이로 세상을 뜬 것이다.

6월 16일 병석에서 우보는 꿈을 꾸었다. 자신이 옷을 잘 차려입고 조상들의 신위를 모신 사당으로 들어간 후 신주들의 자리를 정리하고 그 아래에 앉는 꿈이었다. 죽음을 암시하는 꿈이었다. 곧 죽게 될 것이라 생각하니 우보는 자신의 죽음보다 혼자 남게 될 아버지가 걱정되었다. 이 말을 전해들은 서유구는 우보에게 "옛날 관상 보는 사람이 너를 보고 일흔을 넘긴 노재상이 될 거라고 하였는데 너는 그 말을 잊었느냐?"라고 하면서 위로했다. 아버지의 말을 들은 우보는 "만일 제가 여러 생을 산다 하더라도 언제나 아버지 곁에 있을 것이니 괜찮습니다" 하고 말했다. 이 말을 한 나흘 뒤 우보가 세상을 떠난 것이다.

만일 집안이 몰락하지 않았더라면, 그래서 우보가 젊었을 적 자신처럼 누릴 것 다 누리고 하고 싶은 것을 다 하고 갔더라면 슬픔이 조금 덜 했을까? 예순이 넘어 이제 노인이 된 아버지는 아들을 잃은 슬픔을 감당하기 어려웠다. 가슴이 찢어지는 고통, 하늘은 알까. 살아 있는 자신이 한없이 부끄럽고 초라했다.

오호라 우리 아이야, 너는 지금 어디로 갔느냐? … 새벽녘 창가에 빛이 희미할 때 웃으며 문을 열고 들어오는 사람이 네가 아니냐? 밤에 등불이 밝은데 흰칠하게 병풍 옆에 서 있는 사람이 네가 아니냐? 돌아보니 보이는 게 없기에 또 눈물이 난다. 음식이 입에 맞아 네가 나에게 올린 게 아닌가 싶으면 목이 메어 못 삼키고 눈물이 난다. 정사를 오르내릴 적에는 네가 나를 부축하는 것이 아닌가 싶으면 앞으로 나가지 못하고 눈물이 난다. 책상에 기대어 눈을 감고 있으면 삼삼하게 네 모습이 떠오르니 눈물이 나고, 베개 베고 귀 기울이면 황홀하게 네 목소리와 웃음소리가 들리니 눈물이 나고, 책을 펼쳐 '오래오래 살아 자손이 장성했다'라는 글자를 보면 눈물이 나고 재능은 있는데 운이 없고 꽃은 피웠으나 열매는 맺지 못한 일을 들으면 눈물이 난다. 고요한 방에 가만히 앉아 벼루, 책상, 솔 등 평소에 사람이 사용하는 자잘한 기물을 오랫동안 마주하면 번번이 줄줄 눈물이 나오는 걸 금치 못하겠구나. 기쁘거나 슬프거나 힘들거나 편안하거나 어떤 상황이든 눈물 아닌 게 없고, 귀로 듣건 눈으로 본 건 어딜 가나 눈물 나지 않는 때가 없으니, 어째서 내 눈물이 하염없이 나와 이토록 펑펑 흘러 마르지 않는단 말이냐? …

이제 풍족해졌지만 다만 나의 슬픔을 더할 뿐이니, 산해진미도 모두 쓰구나. 아, 슬프다! 네가 음식을 차려 놓고 아비를 미처 봉양하지 못한 것을 슬퍼하지 않고 내가 도리어 이렇게 너를 애도한단 말이냐? 이제 끝났다 다 끝났어! 뭐라 할 말이 없다.

—『금화지비집』

## 슬픔에 슬픔이 더해지다.
### 양아버지, 동생, 효명세자의 죽음

아들이 죽고 극심한 고통 속에서 겨우 삶을 유지하던 서유구는 사헌부 대사헌으로 임명되어 중앙으로 복귀했다. 순조를 대신하여 정국을 이끌어가던 효명세자는 어린 나이였지만 지혜로웠다. 권력을 가지고 좌지우지하던 안동 김씨 세력을 어떻게 해서든 조정에서 배제하고 능력 있는 신하들을 등용하려고 애썼다. 백성들의 삶에도 관심을 가지고 자주 암행을 나가 민심을 살피곤 했다. 효명세자는 어린 나이였지만 학문도 뛰어났고, 인품도 훌륭했다. 세도정치로 밀려난 신하 서유구의 능력과 연륜을 아꼈다. 지방 관리로 있던 서유구를 중앙의 요직으로 불러올린 것도 효명세자였다. 서유구는 젊은 효명세자를 보면서 새로운 희망을 가질 수 있었다. 비록 나이든 몸이지만 자신이 할 수 있는 한 모든 것을 하겠다는 다짐을 했다.

그러던 중 서유구의 양부 서철수가 81세로 세상을 떠났다. 1829년의 일이다. 할아버지 서명응의 법적인 아들이고, 서유구의 법적인 아버지, 그는 생

원진사시를 합격했지만 대과를 치르지 않아 관직에 나
가지 않았다. 서유구가 잠시 관직을 내려놓고 상을 치
르던 중에 동생 유락 또한 세상을 달리하고 말았다. 서
유구보다 여덟 살 어린 동생으로 어릴 적 직접 가르쳤
다. 동생은 서유구를 부모처럼 따르고 섬겼으며, 형이
시키는 일은 무엇이든 조금도 어기지 않았다. 서유구가
농촌으로 내려가 힘든 생활을 할 때 형을 살뜰히 보살
피고 도왔던 동생이다. 동생 내외 덕에 서유구는 어머
니를 모시고 자식을 기르며, 연구하고 글을 써나갈 수
있었다. 이제 다시 관직에 올라 살림도 조금 나아졌는
데 동생이 훌쩍 형의 곁을 떠나버렸다. 자신 때문에 모
진 고생을 해서 동생이 먼저 떠난 것 같아 더욱 가슴이
미어졌다.

불탄 익종(효명세자) 어진

　서유구는 자신에게 일어난 일들이 하늘의 저주같이 느껴졌다. 사랑하는 사
람들의 연이은 죽음은 서유구의 몸과 마음에 깊은 상처를 남겼다. 동생이 세
상을 떠난 지 채 두 달이 되지 않아 젊디젊은 효명세자가 승하했다. 효명세자
를 따라 조선에 대한 새로운 희망을 가졌던 서유구는 또다시 좌절했다. 정조
를 떠날 보낼 때의 고통이 고스란히 전해져 오는 듯했다.

　　군(서유락)은 나보다 여덟 살 적어 어려서부터 나에게 배웠다. 그래서 나를
　　어버이처럼 섬겨, 내가 무슨 말을 하든 무엇을 시키든 감히 터럭만큼도 어
　　기지 않았다. 병인년(1806)에 내가 시골에 갇혀서 갑자기 몰락하여 떠돌게

되어 그 전후로 모두 여섯 번 거처를 옮겼는데 그때마다 집안 살림의 자잘한 일까지 모두 군에게 맡겼다. 군은 꼼꼼하게 관리하여 아침이 되기 전부터 수고로움을 마다 않아서 내가 어버이를 섬기고 자식을 기르는 데 부족함이 없게 하여, 책을 읽고 글을 쓰는 데 마음을 쏟을 수 있게 한 것이 20년 동안 한결같았다. 지금 죽이나마 조금 먹을 수 있게 되었는데 군은 도리어 훌쩍 떠나 나를 기다려주지 않는구나. 유종원이 말하기를 "내 몸을 기르는 것 같고, 내 생명을 해치는 것 같다"라고 했으니, 하늘이 나를 저주한 것이 참으로 애통하다.

―『금화지비집』

## ❖ 전라도관찰사 일기, 완영일록

**6** 복상을 마치고 조정에 돌아온 서유구에게 형조판서, 비변사 제조, 예문관 제학, 사헌부 대사헌, 예조판서, 호조판서 홍문관 제학 등의 벼슬이 내려졌다. 하지만 서유구는 번번이 이 관직들을 사직하겠다는 상소를 올렸다.

효명세자가 승하하고 순조는 서유구에게 중앙의 여러 관직들을 내렸다. 하지만 그에게 중앙 관직은 그리 큰 의미가 없었다. 자신에게 제수된 관직들에 대해 매번 사직상소를 올렸다.[6] 자신의 주변에서 자신과 함께 어려움을 겪어냈던 가족들이 하나둘 세상을 떠나고 나니 높은 벼슬 따위에는 관심이 없었다. 서유구에게 남은 것은 오직 임원생활에 대한 관심뿐이었다. 그러던 중 1833년 4월 전라도관찰사 임무가 부여되었다.

전라도관찰사는 전라도 지역 전체를 관할하는 관직이었다. 군사지휘권도 가지고 있었다. 서유구는 대략 19개월 동안 전라도관찰사로 있었다. 전라도

『완영일록』

관찰사로 부임하는 그날부터 서유구는 매일 일기를 썼다. 이 일기가 『완영일
록』이다. 서유구는 『완영일록』에 날짜별로 그날 행한 업무와 만났던 관원 등
을 기록했다. 또한 위에서 내려온 각종 문서까지 빠짐없이 첨부했다.

　이 기록으로 지금 우리는 당시 전라도관찰사가 무슨 일을 했는가를 자세하
게 알 수 있다. 관찰사로서 자신의 일을 이렇게 꼼꼼히 기록한 사람은 많지
않다. 조선 왕조가 시작되고 1910년 조선이 끝날 때까지 전라도관찰사를 지
낸 사람은 모두 585명이었고 실제 부임한 사람은 505명이었다. 이 중 관찰사
일기를 남긴 사람은 단 두 사람뿐이었다. 서유구 외에 단 한 사람이 더 있을
뿐이다. 게다가 공식적인 문서까지 첨부되어 있는 경우는 서유구의 일기밖
에 없다. 농촌에서 생활하면서도 농사일을 꼼꼼히 기록했던 것을 《임원경제
지》에 고스란히 담은 것처럼, 전라도관찰사를 역임하면서 서유구는 관찰사
로서 자신의 일을 철저하게 기록했다. 『완영일록』이 없었더라면 우리는 관찰
사가 어떤 일을 했는지 구체적으로 알 수 없었을 것이다.

## ❖ 종저보를 펴내다

전라도관찰사로서 호남을 돌아보던 서유구는 노령산맥 일대의 너른 평지가 버려져 있는 것을 발견했다. 땅을 개간해서 농지를 더 늘려야 하는데도 오히려 버려두다니 의아스러웠다. 이유를 알아보니 계속되는 가뭄 때문이었다. 비가 오지 않으면 농사를 지을 수 없었다. 가뭄이 들면 굶어죽는 백성들도 부지기수로 늘어났다. 게다가 연거푸 가뭄이 들자, 농민들은 하는 수없이 땅을 버리고 먹을 것을 찾아 떠난 것이었다. 서유구는 가뭄과 같은 자연재해로 백성들이 굶어죽는 일이 다시는 없어야겠다고 생각했다. 해결책으로 서유구가 생각해낸 것이 물이 없는 거친 땅에서도 잘 자라는 고구마 재배였다.

서유구는 여덟 식구로 이루어진 농가에 버려진 땅을 주고 고구마 종자 수백 구를 주고 재배하게 한다면 아무리 가뭄이 들어도 백성들이 굶어죽지 않을 거라고 생각했다. 그래서 사람들에게 고구마를 재배하도록 설득했다. 그리고 호남 지역을 돌아다니면서 고구마 종자를 구해 보급시켰다. 고구마는 영양도 풍부할 뿐만 아니라 굶주림을 해결해주는 매우 유익한 작물이었다. 그럼에도 불구하고 기르는 농가가 많지 않은 것은 재배법이 제대로 정리되어 있지 않기 때문이라는 것을 알았다. 서유구는 그동안 나온 고구마 재배법들을 모두 살펴보고 조선의 토양과 기후에 적합한 고구마 재배법을 정리해서 『종저보』를 펴냈다. 1834년이다. 이해에 순조가 승하하고 헌종이 즉위했다.

하늘이 내려주는 때와 땅이 키워주는 산물은 모두 사람을 키우는 데 소용되는 것이다. 그러므로 사람들이 교묘하게 일처리를 하지 못하는 것 때문에 하늘이 내려준 때와 땅이 키워준 산물을 버팽개치는

척박한 땅에서도 잘 자라 식량부족을 해결해준 대표적인 구황작물인 고구마(왼쪽)와 조선 후기 고구마 재배 및 이용법을 집성한 서유구의 저작인 『종저보』(오른쪽)

지경에 이르게 된다. 대략 토지에서 잃는 바를 계산하여도 아마 기천만억에 달할지도 모른다. 이렇게 몇 년 동안을 같이 따진다면 교묘하게 계산한다고 해도 그 얼마나 되는지 숫자를 얻을 수 없을 것이다.

—『종저보』서문 중에서

대표적인 구황작물. 차례대로 메밀, 감자, 옥수수

고구마의 원산지는 원래 아메리카대륙이다. 콜럼버스가 아메리카 대륙을 발견하면서 고구마를 유럽에 전했고, 점차 중국에서도 고구마를 재배하기 시작했다. 중국 책을 읽던 조선 사람들도 고구마가 있다는 것을 알게 되자, 고구마를 들여와 백성들의 굶주림을 해결하고자 했다. 고구마는 거친 땅에서도 잘 자라고, 조금만 심어도 많은 양을 수확할 수 있었다. 게다가 영양가도 많았으며 다른 농사에 지장을 주지도 않았다. 굶주림을 해결할 수 있는 이런 작물을 구황작물이라고 한다. 고구마, 감자를 비롯해서 기장, 메밀, 옥수수 등이 있다.

최초로 고구마를 들여오려는 노력을 한 사람은 '이광려'였다. 중국으로 가는 사신이나 일본으로 가는 사신에게 고구마를 구해 오라 부탁했다. 겨우 고구마 종자를 구해 재배를 시작했지만 실패를 거듭했다. 그러다 '강필리'라는 사람이 부산 동래에서 시험 재배에 성공을 하고, 재배 방법을 담은 『감저보』를 펴냈다. 이것이 최초의 고구마 재배법을 담은 책이다. 이후 서유구의 아버지 서호수도 『해동농서』에서 고구마 재배법을 서술하는 등 많은 사람들이 고구마의 재배법을 기록했다. 서유구는 『종저보』를 저술하고 호남 지방에 고구마를 보급하는 데 힘썼다. 고구마는 1900년대 이후 들어 전국적으로 재배하게 되었고, 백성들의 굶주림을 해결하는 구황작물로서 자리매김했다.

# 수원유수로서의 기록, 화영일록

　전라도관찰사를 마친 서유구는 다시 중앙의 요직에 여러 번 임명되었지만 번번이 사직상소를 올리는 일을 반복하다 1836년 헌종이 수원유수로 임명하자 수원유수에 부임했다. 수원은 정조가 자신의 아버지 사도세자를 모신 뜻깊은 곳이었다. 수원유수에 부임한 서유구는 이곳에서도 업무일기를 작성했다. 이것이 『화영일록』이다.

　『화영일록』에는 수원유수로서 서유구가 행한 일들이 기록되어 있다. 수원유수로서 서유구가 맡은 중요한 임무 중의 하나는 바로 사도세자를 모신 묘역인 현륭원[7]과 정조의 어진을 모신 화령전[8]을 관리하는 일이었다. 관리의 인사도 중요한 일 중의 하나였다. 봄, 여름, 가을, 겨울 네 계절에 한 번씩 모

---

**7 현륭원**

현륭원은 신도시 화성을 탄생시킨 으뜸 요인으로, 정조의 지극한 효성으로 새로이 옮겨 꾸민 사도세자의 무덤이다. 현륭원의 주산(主山)은 화산(花山)으로, 구 수원읍이 이곳에 자리 잡고 있었다.

**8 화령전**

순조 원년에 정조의 뜻을 받들어 화성행궁 옆에 새운 건물로 정조의 초상화를 모셔놓은 영전이다. 영전은 신위를 모신 사당과는 구별되는 건물로 선왕의 초상화를 모셔놓고 살아 있을 때와 같이 추모하던 곳이다.

정조의 아버지 사도세자(장조1735-1762)와 현경왕후(혜경궁 홍씨(1735-1815)가 합장된 묘역인 융릉

화성행궁 옆에 위치한 화령전. 정조의 어진을 모셔놓고 제사를 지내던 곳이다.

든 관리들을 평가하고, 문관과 무관을 선발하는 시험을 주관하고, 봄·가을로 군사훈련도 실시했다.

무엇보다도 서유구가 공을 들여서 한 일은 농업과 관련된 일이었다. 농민들에게 농사일에 관한 지시문인 권농전령을 내려보내 농사를 장려하고 지도했다. 서유구는 우선 벼, 보리, 콩, 팥 등 주요작물의 재배단계와 성장단계 등을 파악해서 중앙에 보고했다. 그리고 강우량도 기록하여 보고했다. 또한 수원유수를 하면서 규장각 제학을 겸하고 있었던 서유구는 『순조대왕어제』와 『익종대왕어제』 등의 편찬에도 참여했다.

금일의 폐단을 없앨 방책은 오직 먹을 것을 넉넉하게 하는 데에 있고 먹을 것을 넉넉하게 하는 길은 오로지 농사일을 성실하게 하는 데에 있다. 지금 춘분이 되어 농사를 시작할 때이니 제언과 천방에 물을 모으는 것과 농기구를 미리 유의하여 때를 잃지 않도록 할 것이다. … 봄에 밭을 갈 때와 모내기 할 시기에는 반드시 마을에서 서로 소를 빌려주어서 시기를 늦추어 실농하는 탄식이 없도록 해야 할 것이다. 그리고 혹시 병으로 인해 경작할 수 없는 경우는 이웃사람과 친척들이 힘을 합하여 서로 도와주어 조그마한 토지라도 버버려지는 폐단이 없도록 해야 할 것이다.

— 서유구가 농사를 장려하기 위해 버려보낸 지시문, 권농전령

## ❖ 관직에서 물러나다

수원유수의 임기를 마치고 돌아온 서유구의 나이는 이미 74세였다. 나이가 일흔이 되면 벼슬에서 물러나는 것이 관례였다. 서유구는 번번이 관직이 주어질 때마다 사직상소를 올렸지만 헌종은 조정의 원로로 남아달라며 번번이 말렸다. 서유구에게 1838년 5월 사헌부 대사헌이라는 관직이 내려졌다.

이해 여름에는 가뭄이 심했다. 가뭄으로 모내기를 제대로 하지 못했으니 수확할 벼가 줄어들어 백성들이 굶주림에 고통받을 것이 불을 보듯 뻔했다. 서유구는 6월 10일 대사헌의 사직상소와 함께 가뭄에 대한 대책을 마련할 것을 상소로 올렸다. 이것이 서유구가 관리로서 올린 마지막 상소로, 「비황삼책」이다. 즉, 가뭄으로 흉년이 들어 굶주릴 백성을 구하기 위한 세 가지 대책이다. 이 상소에는 첫째, 중국으로부터 새로운 종자를 구입하여 농업생산성을 높여야 한다는 주장, 둘째, 황무지를 개간하고 수리시설을 확충하는 방안, 셋째, 수리시설을 확보하는 방안 등이 담겼다.

대사헌 사직상소를 올린 후에도 관직이 내려졌지만 다시 사직상소를 올렸고, 1839년 헌종으로부터 퇴임을 허락받았다. 그의 나이 76세였다. 작은 아버지의 유배로 인해 관직을 물러나기 전 16년, 그리고 다시 복직된 후 16년, 모두 합쳐서 32년여의 긴 세월을 관직에 있었다. 집안이 전성기를 누리고 있던 27세의 패기만만한 청년으로 조정에 들어와 가까운 모든 이들이 세상을 떠나고 홀로 남은 백발의 노인인 76세에 조정 관리의 책임을 벗어난 것이다. 이제 서유구에게 남은 일은 《임원경제지》의 완성뿐이었다.

일흔여섯의 나이로 벼슬에서 물러나 서유구는

번계에서 젊은 학자들과 시모임도 갖고, 볍씨 품종을 시험해보기도 하며,

《임원경제지》의 완성을 향해, 그리고 농촌생활에 대한

자신의 열망의 실현을 향해 한 발 한 발 나아갔다.

마침내 완성된 방대한 분량의《임원경제지》, 1842년의 일이다.

원고는 완성했지만 엄청난 비용 때문에 결국 책으로 펴내지는 못했다.

이제 80세의 노인이 된 서유구는 자신의 삶을 돌아보았다.

자신의 삶을 다섯 가지 허비라고 한탄하는 서유구,

거문고의 소리를 들으면 세상을 하직하였다.

# 6장

# 임원경제지를 완성하고, 생을 마무리하다

◆

1839년-1845년

· 76세부터 82세 ·

## ■ 서유구의 마지막 행적

**1839년(헌종 5) 76세**  벼슬에서 완전히 물러나 번계에서 농업 연구와 후학들을 만나는 한편, 《임원경제지》 편찬에 전념하다.

**1840년(헌종 6) 77세**  중국서 새로 들여온 벼를 시험 재배하다. 편찬 중이던 《임원경제지》 한 질을 행장에 담고 여행하다. 새 복거지를 찾아 한강을 따라 여행을 떠나 석림촌에 이르다. 남공철이 사망하다.

**1841년(헌종 7) 78세**  두릉으로 이사하다.

**1842년(헌종 8) 79세**  《임원경제지》 편찬을 완성하다. 「오비거사생광자표」를 짓다.

**1845년(헌종11) 82세**  거문고 소리를 들으며 세상을 떠나다.

# ❖ 은퇴 후 번계에 거주하다

　서유구는 수원유수로 있던 1837년에 서울의 번계라는 곳에 집을 마련했다. 번계는 지금의 강북구 번동 근처 오패산 자락이다. 이전에 살았던 대호나 난호는 모두 서유구의 마음에 들지 않았다. 큰길이 가까워서 아늑함이 부족했기 때문이다.

> 10년 조치에 비로소 임원에 사니,
> 물대고 텃밭 가꾸기 소홀히 않네.
> 집을 두른 단풍 숲, 물들인 듯하니,
> 누군들 여기서 수레 멈추지 않으리.
>
> —『번계시고』

　번계에 농토와 집을 마련하는 데 거의 십여 년이 걸렸다. 이곳에서 서유구는 《임원경제지》를 수정하고 완성하는 한편 책에서 제시하는 임원의 생활을 직접 경험해보고자 했다. 그래서 집을 지을 때부터 《임원경제지》의 한 편인 『이운지』에 수록한 '이상적인 주거 공간'을 스스로 실천해보았다. 생활공간인 집과, 서재, 그리고 농사일을 돌볼 수 있는 누대와 정자 등을 번계에 지었다.

　자이열재自怡悅齋는 서유구가 생활하는 공간이다. '자이열'은 산중생활을 즐겼던 중국의 도홍경이라는 사람이 쓴 시의 한 구절에서 따왔다. 자이열은 '절로 즐길만 하다'라는 뜻이다. 새벽에 눈을 뜨면 흰 연기 한 가닥이 바위에 부딪쳐 뭉게뭉게 피어오르는 모습이 보였다. 그리고 연이어 줄지어 출렁거리

면서 솟아오르는 모습은 마치
말이 치달리고 바람을 받은 배
가 떠가는 것 같았다. 연기가
산허리에 머뭇거리다가 정상
과 기슭을 모두 가리면 먼 숲
과 만물이 허공에 뜬 듯하였
다. 그러다가 아침햇살이 비
치면 일순간에 이 모든 광경이

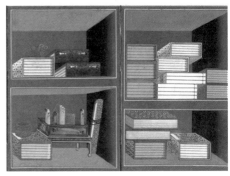

책가도 병풍의 일부 그림. 책가는 책장이라는 말로, 책장의 서책과 문방구 등을 그린 그림이다.

사라져버렸다. 서유구는 자이열재의 이 풍광을 즐겼다.

자연경실自然經室은 서재다. 서재는 다른 어떤 공간보다도 서유구에게 중요한 공간이었다. 한창 공부하던 시절 열심히 책을 사서 모았고, 서재를 마련할 만큼의 양이 되자 풍석암이라고 하는 서재를 만들었다. 책은 학자에게 밥보다 중요한 것이고, 그것을 잘 보관하는 일 또한 중요한 것이기에.

번계의 왼쪽에 담으로 가리운 집이 있으니, 우물 정 자 모양의 창살에 두 겹 벽으로 되어 있어 고요하기 그지없다. 내가 거처하며 글을 읽는 곳이다. 집이 몇 칸 되지 않지만, 서책이 반을 차지하고 있다. 중앙에는 작은 탁자를 놓고, 뒤로는 무늬목 병풍을 둘렀다. 병풍은 높이가 3척 남짓 되는데 주름진 봉우리가 우뚝 솟아 있고 그 아래에는 못물이 흐른다. 그 못에는 물새 두 마리가 있는데, 하나는 물에 떠 있고, 하나는 물살을 헤치고 있다. 정교하기가 부리와 깃털과 발톱까지를 구분하여 가리킬 수 있을 정도였다. 탁자 모서리에는 밀랍으로 만든 꽃을 꽂은 병 두 개를 놓았다. 그 밖에 벼루

받침대와 오래된 솥 모양의 골동품 등을 대략 갖추어놓았다. 이것들은 그
저 서권의 아취를 돕고자 한 것이니, 제대로 갖추기를 바라지는 않는다. 벼
루 받침대나 골동품 또한 서책과 같은 것이다. 이에 여지지에서 이른바 '소
실산에 자연경서가 있다'고 한 말을 따서 자연경실이라고 써 붙였다.

―『금화경독기』

자연경실이라는 서재의 이름은, '경전이 사람이 마땅히 따라야 하는 도道
를 담고 있는 것이라면 자연 역시 훌륭한 도를 담고 있는 경전과 같다'는 뜻
을 담고 있다. 누군가 왜 서재의 이름이 자연경실인가 하고 물은 적이 있었
다. 서유구는 서재에 있는 특이한 물건 두 개를 들어 설명했다. 그중 하나는
병풍이다. 다른 병풍처럼 그림을 그리거나 수를 놓은 것이 아니라 그저 나무
로 된 병풍이었다. 나무의 자연스러운 결이 마치 그림과 같았다. 나머지 하
나는 꽃병의 꽃이었다. 꽃은 자연의 것이 아니라 밀랍으로 만든 조화였다.
그런데 신묘하기가 자연의 꽃보다 아름다웠다. 나무병풍은 자연의 정교함
을, 밀랍꽃은 인간의 정교함을 상징했다. 자연도 사람만큼, 아니 사람보다
더 정교하고 뛰어나다고 할 수 있으니 어찌 인간이 만든 경전만이 가치가 있
다고 할 것인가! 그래서 자연경실이라는 이름을 붙였다고 서유구 자신은 설
명하고 있다. 이곳에서 서유구는 '자연경실장'이라는 이름이 붙은 자신만의
원고지에 글을 쓰며《임원경제지》를 완성해나갔다.

자연경실의 오른쪽과 왼쪽에는 광여루와 오여루를 두었는데 이곳은 농사
와 관련된 누대이다. 이곳에서 서유구는 식솔들이 농사를 짓는 모습을 이곳
에서 지켜보았다.

번계의 집에서 조금 떨어진 곳에 거연정이라는 이름의 정자도 지었다. 서유구가 산책을 하며 휴식을 취하는 공간이다. 자이열재에서 서쪽 계단을 올라 사선문을 지나면 숲이 울창했다. 개울을 따라 거슬러가도 개울이 보이지 않고 그저 샘물 소리만 발밑에 들렸다. 그곳에서 수백 보를 가면 숲이 끝나고 큰 바위 둘이 우뚝 마주 서 있는 가운데로 오솔길이 나 있었다. 그 너머 서쪽에 병풍처럼 깎아지른 바위가 있고 그 아래 개울가에 바로 거연정이 있었다.

> 남쪽 산기슭의 양지나 동쪽 산기슭 너머에 고운 언덕이 둘러쳐 있으며 땅이 비옥하고 샘이 단 곳을 택하여 3칸의 집을 짓고 동서에 누를 두고 가운데 실을 두며 실의 북쪽 벽에 따뜻한 온돌방을 만든다. 농사짓는 법이나 곡식 종자에 대한 책, 파종하고 김매는 방법에 대한 책, 기후를 살피는 책 등을 두고 동쪽 기둥에는 왕정의 수시도를 걸고 서쪽 기둥에는 전가월령표를 붙여둔다. 한가운데 탑상을 하나 두고 그 위에 벼루 하나, 필통 하나, 먹 하나, 농사일기 한 권을 놓아둔다.
>
> —『이운지』

서유구는 『이운지』에 쓴 것을 그대로 번계에서 실행해본 것이다. 좌우에 누대는 광여루와 오여루로, 가운데 실은 자연경실이며, 실 북쪽의 온돌방은 자이열재로 실현되었다.

## ❖ 시험 농장인 번계의 농토

번계에서 서유구는 계속해서 농사를 지었다. 서유구가 올린 마지막 상소에서 제안한 중국의 볍씨를 시험하는 일도 번계의 농장에서 이루어졌다. 헌종은 서유구가 말한 대로 중국에서 새로운 볍씨 12종을 들여왔지만 그 볍씨가 우리 땅에 잘 맞는지 어떤지를 시험 재배할 만한 사람이 없었다. 서유구는 이미 잘 알려진 농학자였기에 그에게 새로운 품종을 시험 재배하라는 왕의 명령이 떨어진 것이다.

서유구는 볍씨를 심어 모종을 내고, 모내기를 하고 논에 심었다. 그리고 논의 서쪽 낮은 언덕에는 고구마를 심었다. 고구마는 구황에 도움이 되는 작물로 자신이 고구마 재배법인 『종저보』를 지어 널리 퍼뜨리기도 했었다.

이제 몸이 늙어 더 이상 직접 농사일을 하지 못했던 서유구는 광여루와 오여루에서 이쪽저쪽 논과 밭에서 사람들이 일하는 모습을 살폈다. 그러던 여름 어느 날 광여루에서 시간을 보내던 서유구는 자신이 할 수 있는 일, 해야 할 일이 무엇인가를 생각하다, 농사에 도움이 되는 월력, 즉 달력을 만들기

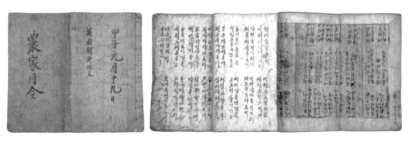

농가에서 행해진 세시풍속과 권농에 관한 내용을 월별로 나누어 노래한 장편가사가 실린 『농가월령』

로 했다. 당시 조선에 있었던 달력은 중국의 것이라 우리의 기후나 농토의 실
정과 딱 들어맞지 않았다. 서유구만이 그 일을 할 수 있었다. 농사 관련한 지
식은 서유구보다 나은 선비가 없었고, 벼슬을 떠나 있던 18년 세월 동안 농사
를 지었던 서유구가 아닌가. 농사에서 어느 때 무슨 일을 해야 하는가를 누구
보다 잘 알고 있었다.

　서유구는 중국의 농서들을 참조해서 우리나라의 중앙에 위치한 서울을 기
준으로 달마다의 농사일을 표시한 '농가월력'을 만들었다. 이것이 '전가월령
가田家月令歌'이다. 전가田家(농가)에서 다달이 절기별로 해야 할 농사일을 적
은 글과 시를 담았다. '전가월령가' 말미에는 '전가월령후가田家月令後歌'라는
제목의 조선의 비참한 현실을 담은 두 수의 시를 붙였다.

… 이장이 팔 걷고 소를 빼앗으니, 영감 할미 눈물 닦으며 뒤를 따르네.
농가의 자산 다만 이것인데, 내년 밭 갈 일 이미 글렀네.
소 채찍하며 관문으로 가는 듯, 도중에 코뚜레 빼버리고 백정을 불러
반은 팔아 빚을 갚고 반은 먹어 치우네. 웃으며 고기 한 점 던지네.
이것으로 자비심 베풀었다 하니, 웃는 얼굴에 침 숨긴 줄 어찌 알랴?
도살 금지법 추상같이 엄하거늘, 집 팔아 벌금 갚고 비로소 출감하니
전답은 다 나누어 가버리고, 통곡하며 가족 이끌고 타지로 떠나네.
가버린 전지는 묵고, 빈집의 조세는 누가 갚을까?
씨앗, 벼 조세 돈이 이웃에 배당되니, 한 집에서 세 집 세금 감당할 판!
해마다 세 갚다 도망친 이 늘어가니, 양이 옴 걸린 듯 닭이 염병 걸린 듯,
물어보자 이름난 풍성했던 언덕, 지금 남은 집은 고작 열 채 정도.
그중에 칠팔은 곤궁해지니, 비록 비바람이 순조롭다 한들

소작이 없는데 누가 매고 가꾸랴? 그대 듣지 못했나?

하남태수 백성 불러 농사와 길쌈 권장하여, 무성하게 농사 날이 열린 것을

또 민정의 일 듣지 못했나? 노는 사람 농사일 하게 하고

가난하고 외로운 사람 진휼하니 의식이 넉넉하였네.

정직한 좋은 관리 아득히 멀어 접할 수 없으니

나의 마음을 슬프게 하네.

—『번계시고』 '농가월령후가' 중에서

또한 서유구는 사람이 나이가 들어도 할 수 있는 농사일이 무얼까 곰곰 생각하다 나무 심는 일이 적합하다는 것을 발견했다. 나무는 열매를 수확해서 먹을 수 있었고 땔감도 제공해주는 유용한 작물이었다. 그럼에

사람들에게 땔감은 물론이며 과실을 제공해주는 나무

도 사람들은 나무에 대한 지식이 턱없이 부족했다. 그런 점이 언제나 답답했다. 서유구는 번계 집 언덕배기에 부지런히 나무를 심었다. 그리고 각종 나무에 대한 정보들을 정리했다. 이것들도 물론 고스란히 《임원경제지》에 담겼다. 나무에 대한 정확한 정보, 나무 심는 기술, 방법 등을 사람들에게 알리기 위해서 애썼다. 그 정보를 전달하기 위해 간결한 시를 짓기도 했다.

농사를 지으며, 시골, 즉 임원에 사는 삶과 관련된 면면이 서유구의 관심이었다. 그 관심은 한시도 쉰 적이 없었다. 그가 살아가는 매 순간순간이 그와

관련된 것이기도 했다.

근래에 번계 가에 집을 마련하니,

뒤로 낮은 언덕에 앞으로 비탈이 가로졌네.

날마다 임원을 거닒이 취미가 되니, 두셋 아이들 삽 들고 따르게 하네.

한 해에 삼천 그루 심기로 하였으나, 열에 하나 살고 아홉은 말라버리네.

남쪽 마을 늙은이 지나다가 보고는, 어리석다! 외마디 탄성을 지르네.

가지 치고 손질함도 또한 요령이 있는 법, 하물며 옮겨심기야 조화에 맡길

일이네.

마침내 비전의 방도를 펼쳐놓으니, 하나하나 풀어서 내게 가르쳐주네.

－『번계시고』, '종수가' 중에서

## ❖ 젊은 학자들과 함께한 시 모임

서유구는 번계에 사는 동안 젊은 학자들과 시 모임을 가졌다. 효명세자 아래서 함께 관리로 일했던 사람들이 모임에 많았다. 번계시회라는 이 모임은 거의 7년 가까이 이어졌다. 이 모임에는 정약용의 아들 정학연, 박지원의 손자인 박규수, 서유구의 막냇동생 서유비, 홍석주의 아우인 홍현주와 홍길주 형제 등 많은 이들이 참여했다. 사실 서유구는 젊어서는 시를 그다지 좋아하지 않았고, 시에 대한 재능도 없다고 여겼다. 아니 그보다는 실제적이고 실용적인 것에 관심이 많았기 때문에 시를 짓는 일은 소홀히 했을 수도 있다.

이제 일흔을 넘은 나이, 그가 세상을 보는 시선은 젊었을 적보다 깊고 넓어

졌다. 젊은 후학들과 시를 쓰며, 세상일을 논하는 일은 즐거웠다. 이 젊은이들은 서유구가 세상을 뜨고 나면 이 나라를 이끌어가야 할 사람들이었다. 백성들의 삶을 조금이나마 개선하고 싶었던 서유구의 꿈을 이루어줄 수 있는 사람들이 바로 이들이었다. 번계시회에 모였던 젊은이들은 서유구의 통찰력과 조선에 대한 지극한 마음을 보며 깊은 감명을 받았다. 이 젊은이들의 시에는 서유구의 당시 모습이 그려져 있었다.

실용에 보탬이 있어야 문장이라 할 수 있지.
이 한마디 말씀은 온갖 논란을 일소할 만하네.
— 김영작5, 『소정고』

문장은 실사를 추구하고, 경제는 임원에 두셨네.
만년에 망년의 끝을 맺으시니 날 잡아 밤새 하길 기약하시네.
— 홍현주6, 『해거재시초』

촛불 심지 잘라가며 농학을 이야기할 제
백발이 은처럼 환하게 빛났네.
— 서유영7, 『운고시선』

어느 날 서유구는 《임원경제지》한 질을 담고 젊은 친구들을 만나러 떠났다. 이들에게 책에 담긴 자

**5 김영작**(1802–1868)
본관은 경주이며, 자는 덕수, 호는 소정이다. 조선후기의 문신이며, 이조, 호조, 예조, 병조의 참판 및 한성부윤, 대사성 등을 지냈으며, 고종 초기에는 개성부유수 등을 역임했다. 시문에 능하여 『소정고』 등의 저서를 남겼다. 번계시회의 일원이었다.

**6 홍현주**(1793–1865)
본관은 풍산, 자는 세숙이며, 호는 해거재이다. 조선 후기의 문신으로 정조의 차녀인 숙선옹주의 남편이며, 우의정을 지낸 홍석주가 그의 형이다. 정조부터 고종에 이르는 다섯 왕을 섬겼다. 뛰어난 문장가로, 『해거재시초』를 남겼다. 번계시회의 일원이었다.

신의 뜻을 알려주고 싶었다. 《임원경제지》에는 백성들을 살리고 그들이 주인이 되는 새로운 조선으로 거듭날 수 있는 구체적인 지식이 실려 있었다. 책에는 그런 소망을 담은 서유구의 30년의 삶이 고스란히 담겨 있었다. 서유구는 더 이상 자신이 그 소망을, 조선의 희망을 실현할 수 없다는 것을 잘 알았다. 이들만이 희망이었다.

**7 서유영(1801~1874)**
본관은 대구, 호는 운고이다. 조선후기의 문신으로 효명세자와 교분을 나누었지만 효명세자가 죽자 과거를 포기하고 학문에만 몰두했다. 박지원의 손자인 박규수와 친구였으며, 번계시회의 일원이었다. 시집 『운고시선』과 야담집 『금계필담』, 장편한문소설 『육미당기』 등을 남겼다.

《임원경제지》를 읽은 젊은 학자들은 깊은 감명을 받았다. 박지원의 손자이며, 개화파의 중심인물인 박규수도 번계시회의 일원이었다. 그는 자신이 받은 감동을 다음과 같이 시에 담았다. 서유구가 박지원을 존경하고 그를 따라 배우려 한 것처럼 박규수는 서유구를 따라 배우고자 했다.

> 나라의 병폐를 치유하는 심오한 경륜을 지녔지만
> 향촌에서 농사짓고 나누는 일을 좋아할 뿐이네.
> 임원십육지를 직접 구해 읽었는데
> 책에 온갖 보배 넘쳐나 신기루 속처럼 헤매네.
> 요즘 사람들은 사업과 공업을 천하다고 여겨
> 정치와 경제를 다스리는 책에 곰팡이가 필 지경인데
> 유독 공의 의론을 익히 들어보니
> 학문이 실용에 적합하지 않다면 진실로 부끄럽게 여겨야 하네.
>
> ─ 박규수, '정풍서서치정판서'

# ⚜ 박규수(1807-1877)

연암 박지원의 손자인 박규수

19세기 중엽 선진적인 사상가로 연암 박지원의 손자다. 박지원의 실학적 학풍을 계승하면서 사회를 개혁하려고 노력했다. 일곱 살에 『논어』를 읽고 시를 지어 주변을 놀라게 할 정도로 총명했다. 할아버지의 박지원의 글들을 정리하면서 영향을 받았다. 스무 살 무렵 효명세자와 교유하면서 주역을 강의하고 나랏일을 의논할 정도였다. 박규수는 효명세자의 명으로 박지원의 글들을 모아 정리해 『연암집』을 만들어 올리기도 했다. 효명세자의 갑작스런 죽음에 충격을 받아 과거를 보지 않고 한동안 칩거생활을 했다. 그러다 마흔두 살이던 1848년 과거에 급제한 뒤 늦은 나이에 관료생활을 시작했다. 이후 지방수령, 암행어사 등을 하면서 지방관의 부정을 적발하고 비리가 되풀이되지 않도록 척결하는 데 힘을 기울였다. 평양감사로 부임한 해에 미국 상선 제너럴셔먼호가 대동강을 거슬러 올라와 평양에 침입해 약탈과 살상을 자행하자 군과 민이 합세해 제너럴셔먼호를 침몰시키고 선원 스물네 명 전원을 몰살했다. 경복궁을 재건하는 총책임을 맡았고, 강화도조약의 체결에도 큰 역할을 했다. 서유구의 《임원경제지》에서 얻은 감동을 표현한 시를 남겼다.

## ❖ 임원경제지를 완성하다

1840년 서유구는 한강을 따라 새로 살 곳을 찾아 여행을 떠났다. 번계는 서울과 너무 가까워 풍속이 소박하지 않았고 땅이 척박해서 농사를 짓기가 쉽지 않아서 늘 아쉬웠기 때문이다. 게다가 1839년에는 홍수가 나서 흉년이 들었고, 도적 떼가 설치기도 했다. 이미 일흔일곱의 나이였지만 《임원경제지》에 서술한 것과 같은 삶을 잘 실현할 수 있는 곳을 다시 찾고 싶었다. 한강을 따라 살 곳을 찾던 서유구는 지금의 남양주시 양수리 근처인 두릉에 정착했다. 두릉은 정약용의 고향이며, 생가가 있는 곳이었다. 서유구가 두릉으로 옮겼을 무렵 정약용은 이미 세상을 떠나고 없었다.

서유구는 하루하루 노쇠해가고 있었다. 자신이 살날이 그리 많지 않다는 것을 느끼면 느낄수록 마음은 조금씩 조급해지기도 했다. 맑은 날에는 흐린 눈을 비비며 《임원경제지》를 교정했다. 어느 날에는 새벽까지 세세한 사항들을 비교하며 검토했다. 또 『위선지』에 기록된 기후의 변화를 실지로 검증해

서유구가 말년에 정착한 마을 두릉의 현재 전경

1930년대 초에 필사된 서울대 규장각한국학연구원 소장본 《임원경제지》(왼쪽)와 각 지 권두에 표시된 '서유구 편찬 아들 우보 교정'이 표시된 페이지(오른쪽)

보기도 했다. 처음 시작할 때는 아들 우보가 곁에서 자료도 정리하고 교정도 보면서 많은 도움을 주었다. 그 아들이 없다는 것이 하루하루 뼈아프게 다가왔다. 아니 그 아들을 위해서라도 힘을 내야 했다.

마침내 1842년 일흔아홉 살의 서유구는 백여 권에 이르는 《임원경제지》를 완성했다. 기뻐야 하는데 눈물이 흘렀다. 수십 년에 걸쳐 공을 들인 책이 완성되었지만 책을 맡아 세상에 전해줄 아들은 곁에 없었다. 새로운 조선을 꿈꾸며, 고통에 허덕이는 백성들을 구할 수 있다는 희망을 가지고 삼십여 년의 시간과 노력을 들였다. 하지만 이것을 실행에 옮겨줄 사람은 곁에 없었다.

세상을 등지고 살던 초기에 나는 근심 속에서 근심을 잊고자 책을 널리 모으고 가려서 임원경제지를 편찬했다. 크게는 16부 작게는 110국으로 나누어, 온 힘을 다해 내용을 교정하고 책의 체제를 잡느라 애쓴 기간이 앞뒤로 삼십여 년이 되었다. 이제 그 책이 완성되어서 죽기 전에 간행하려니 힘이 없고 장독이나 덮으려니 아쉬움이 있다.

—『금화지비집』

## ❖ 다섯 가지 허비의 삶

《임원경제지》를 완성하자, 이제 더 이상 할 일이 없었다. 그간의 삶은 길었다. 그러나 지금에 와서 보니 자신의 삶은 매 시기마다 보람이 없는 헛된 낭비의 삶이라는 생각이 들었다. 서유구는 허망했다. 이제 정말 얼마 남지 않은 생, 그는 스스로 「오비거사생광자표五費居士生壙自表」라는 글을 쓰면서 자신의 삶을 돌아보았다. 그리고 그 글에 자신의 묘석에 '오비거사 달성 서모의 묘(오비거사달성서모지묘)'라고 간단하게 적을 것을 유언으로 남겼다.

오비거사五費居士는 '다섯 가지로 인생을 낭비한 사람'이라는 뜻이다.

첫 번째 허비는 젊어서 공부하느라 보낸 삶이라고 보았다. 한창 젊어서 작은아버지에게 뛰어난 문장가들의 글을 배우면서는 훌륭한 문장을 쓰겠다는 큰 포부를 지니기도 했었다. 또한 이의준 선생에게 명물도수학과 주희의 성리학을 배우면서는 노력을 해도 터득한 것이 얼마 없어 아쉬워하기도 했었다. 그러나 되돌아보니 젊어 배울 때 가졌던 원대한 포부는 벼슬살이하면서 다 사라졌으며, 지금은 모두 잊어버리고 말았으니 그것이 삶의 하나의 커다란 허비처럼 느껴졌다.

두 번째 허비는 규장각 각신으로 보낸 세월이다. 정조의 은덕을 받아 조정의 관리가 되는 영광을 입어, 규장각에서 열심히 책을 만들었다. 가장 뛰어난 교정자가 되겠노라 다짐하고, 손에 굳은살이 박이고 눈이 침침하도록 노력했다. 하지만 얼마 후 관직에서 밀려나고 향촌을 떠돌게 되었다. 그러니 그때의 모든 노력 역시 헛된 노력으로 여겨졌다.

세 번째 허비는 집안이 몰락하여 향촌에서 농사지으며 농학에 매진했던 삶이었다. 아무도 경쟁할 사람이 없는 분야를 연구하면서도 쉽지 않았고, 그 외중에 몸은 버렸다. 그리고 가족들은 하나둘 서유구의 곁을 떠나버린 삶이었다. 허비가 아닐 수 없었다.

네 번째 허비는 다시 조정에 나간 것이다. 몰락한 신세에서 재기하여 조정의 요직을 두루 거치며 지위가 높아졌지만 그 역시 헛된 낭비의 삶처럼 생각됐다. 정치에 도움이 되는 정책도 내지 못했고 공적도 없었다고 생각했다.

마지막 삶의 허비는 《임원경제지》를 쓴 것이다. 삼십여 년에 걸쳐서 온갖 서적을 널리 수집하여 《임원경제지》를 편찬했지만 인쇄할 돈도 없고, 후학도 없으니 장독대 덮개로나 쓰일까 하는 생각이 드니 그 또한 삶을 헛되이 낭비한 것으로 여겨졌다.

서유구는 죽음을 몇 년 앞 둔 이 시기에 팔십 평생을 돌아보며 모든 시기, 모든 시간을 헛되이 낭비했다고 자신의 삶을 반성했다. 남들이 보기에는 헛된 것이 아니라 누구보다도 매 순간 성실하게 자신을 수양해온 삶이었는데 말이다.

아아, 정말로 산다는 것이 이처럼 낭비일 뿐이란 말인가? 그렇지 않다면, 역시 낭비는 잠깐이고 거둔 것이 있어 오래간단 말인가? 저 입언立言과 입공이 탁월해서 불후의 땅에 발을 똑바로 세운 사람들은 그 정신과 기백이 반드시 백세나 천세 이후까지 몸과 이름을 끌어안고 보호할 것이니, 이것은 하루아침에 엄습해서 가져올 수 있는 것이 아니다.

나는 젊어서는 성실하다가 장성해서는 근심이 많았고 늙어서는 어둑어둑

하므로, 시원을 따져보고 끝에서 처음으로 되돌려 몸뚱이와 함께 변화해 없어지지 않을 것을 찾아본다고 해도, 끝내 그림자와 음향처럼 방불한 것을 얻을 수가 없다. 게다가 80년 세월을 죄다 낭비해버린 뒤에, 뻔뻔하게 붓을 잡고 편석片石을 빌려서 문장으로 꾸미면서, 휑하게 아무 것도 없다는 사실을 스스로 모르고 있다니, 아무래도 크게 잘못된 것이 아니겠는가?

그렇기에 손자 태순에게 이렇게 말한다. "내가 죽은 뒤에는 우람한 비를 세우지 말고, 그저 작은 비석에 '오비거사 달성 서 아무개 묘'라고 써준다면 족하다."

원래의 운세는 12만 9600세인데, 내가 살아 있는 시간은 고작 1620분의 1이니, 홀홀하기 짝이 없도다! 그렇거늘 이미 70하고도 9년을 허비했으므로, 작은 구멍 앞을 매가 휙 날아 지나가는 것과 다름이 없다. 그렇다면 나머지 한 해의 날을 다 채우지 않는다면 하상 8세부터 11세까지 사이에 죽음과 구별이 되겠는가, 구별이 되지 않겠는가? 어린 아이를 묻는 옹기 관에 벽돌 광곽에 무슨 명을 쓸 필요가 있는가? 이 때문에 탄식하노라. 무덤의 유실이 깊숙하고 넓기에, 돌아가신 조부와 돌아가신 부친을 이 언덕에서 따르리라.

—『금화지비집』

## ◆ 거문고의 소리를 들으며
   세상을 떠나다

1845년 11월 1일, 서유구는 세상을 떠났다. 여든두 살의 나이였다. 조정은 여전히 나라의 안위와 백성의 안녕에는 관심이 없는 듯 서로 권력을 다투느라 어지러웠다. 서유구는 마음이 편치 않았다. 이제 이 세상에서의 시간은

거문고는 선비들이 가까이했던 악기였다. 특히 은거생활을 하던 선비들은 거문고를 통해 마음의 위안을 삼기도 했다. 서유구는 마치 신선처럼 거문고 소리를 들으며 세상을 떠났다. 달빛 아래 거문고 연주하는 모습을 그린〈탄금도〉

끝나가고 있었다. 서유구는 자신이 가진 모든 것을 주변 사람들에게 아낌없이 나누어주었다.

여든두 살, 보통 사람들보다도 긴 세월을 살았다는 생각이 들었다. 병은 깊었다. 곁에서 시중드는 사람에게 거문고를 연주해달라고 부탁했다. 이제 곧 우보도 만나고, 먼저 떠난 형제들과 어머니와 아내도 볼 수 있으리라. 거문고 연주가 끝나자 서유구는 고요히 잠들어 깨어나지 않았다. 거문고 연주를 들으며 마치 신선처럼 세상을 떠났다.

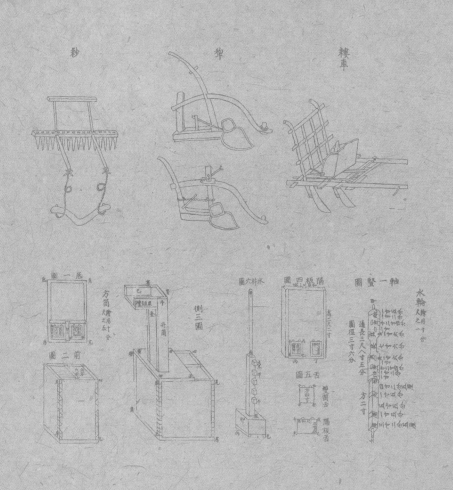

耖　　　犂　　　樓車

砏一底　圖　　　　　　水
圖　　穴杆水　隔攊隔　軸
二前　側　圖四　圖一　輪
　　　三　　竪

# 《임원경제지》
# 속으로

오사카 부립 나카노시마 도서관 소장본 《임원경제지》

## ❖ 살림살이 대백과사전, 《임원경제지》

> 시골에서 사는 데 필요한 일의 도리를 대략 채록하여 부로 나누고 표제어
> 를 세운 다음 여러 책을 조사하여 채워 넣었다. 이 책에 임원으로 제목을
> 붙인 까닭은 벼슬하여 세상을 구제하는 방법이 아님을 밝히기 위해서다.
>
> ─《임원경제지》서문

임원林園은 도시가 아닌 전원, 즉 삶의 터전으로서의 시골, 향촌이라는 뜻
이다. 임원경제라는 것은 시골에서 생활하는 데 필요한 모든 활동을 의미한
다. 즉,《임원경제지》는 사대부 선비가 시골, 향촌에서 생활하는 데 필요한
모든 지식과 정보를 담고 있는 책이다. 당시에도 한양 도성이 아닌 임원, 시
골은 사대부들이 거주하고 싶어 하지 않는 거친 곳이었다. 대부분의 사대부
들은 설사 벼슬에서 떠나더라도 자손대대로 한양 도성에서 살기를 원했다.

그러나 서유구는 어려서부터 화려한 서울생활을 했지만 일반적인 사대부 선비들과는 생각이 달랐다. 할아버지, 아버지, 서유구에 이르기까지 서씨 집안의 삼대는 모두 임원, 농촌에서의 삶을 소중하고 중요하게 여겼다. 우리 삶의 근본이 농업에 있다고 보았고, 삼대 모두 농학에 관한 책을 쓰기도 했다.

서유구는 규장각 각신으로 일할 때부터 삶의 근본인 농사짓는 일을 자신의 업으로 삼아야겠다는 생각을 했다. 그리고 뜻하지 않게 벼슬에서 물러나게 되고, 18년간의 농촌에 거주하면서 자신의 생각을 실천하게 되었다. 벼슬을 놓은 서유구가 가장 우선적으로 해결해야 하는 것은 생계의 유지였다. 결국 농촌에서 남의 도움을 받지 않고 자립적으로 생활하기 위해서는 농사를 지어 먹을 것을 마련해야 했고, 길쌈을 해서 입을 것을 마련해야 했으며, 살 집을 짓는 것도 필요했다.

임원에서 자립적인 생활을 꾸려나가면서 《임원경제지》는 기획되었다. 《임원경제지》는 다름 아니라 서유구 자신이 임원에서 생활하면서 직접 체험해 본 결과를 토대로 편찬되었다. 처음에는 사대부 선비들의 향촌생활을 위한 백과사전으로 시작되었지만 결국 그러한 지식은 시골에 사는 모든 백성들에게 필요한 것이었다. 본격적으로 서술의 목표를 가지고 《임원경제지》를 쓰기 시작한 것은 귀농 후 5년 정도 지난 1813년경이다. 그리고 완성된 것은 1842년이었다. 완성되기까지 30년이라는 기간이 필요했던 《임원경제지》에는 어떤 내용이 어떻게 담겼을까 살펴보자.

### 서명응의 「본사」

서유구의 할아버지 서명응은 농사에 관한 책에 '본사'라는 제목을 붙였다. 근본 본, 즉 농업, 농사는 국가의, 백성의 삶의 근본이라는 의미이다. 『본사』의 내용 일부는 서명응의 지시를 받아 서유구가 집필했다.

> 『본사』를 지은 목적은 일반 백성으로 하여금 한번 책을 펼쳤을 때 비가 억수같이 내리는 것처럼 걸리는 것 없이 환하게 깨닫게 하여 이 책에 실려 있는 씨 뿌리고 심어서 재배하는 법을 실행하여 실제로 쓰일 수 있게 하는 것이다. 그런데 지금 어렵고 난삽한 말로 짓는다면 독자들로 하여금 입에 재갈을 물린 것처럼 만드는 것이니 후세에 글자를 모른 사람이 장차 이 책을 항아리 뚜껑으로 쓰지 않을까 걱정된다.
>
> ― 「본사」 발문

### 서호수의 「해동농서」

서유구의 아버지는 조선에 적합한 농서의 필요성을 절감하며 농서를 썼다. 해동은 조선을 뜻한다. 서호수는 조선의 토질, 기후조건에 맞는 조선의 농법을 『해동농서』의 주요 내용으로 삼고자 했다.

『해동농서』

우리나라 북쪽으로 갑산에 이르면 위도가 이미 40여 도를 넘고, 남쪽으로 탐라에 이르면 위도가 겨우 30여 도일 뿐이다. 남북으로 수천 리 사이에 천기의 차고 따뜻한 구분과 지력의 비옥하고 척박한 구별이 있으니 중국과 다른 것이 없다. 하지만 토의에 적당한 것이 있고, 속상에 구애받는 것이 있어, 오곡과 명색과 농사에 활용하는 기계, 그리고 전제와 수리에 또한 우리나라에 쓰이는 것이 있으니, 중국의 농정과 한가지로 논해서는 안 된다. 이 책은 동국의 농서를 근본으로 삼고, 중국의 고방을 참고하였고 이름 하기를 『해동농서』라 붙였다.

— 『해동농서』 서문

## 서유구의 《임원경제지》

서유구는 아버지가 『해동농서』를 지을 때의 방침을 따라 우리나라에 적합한 책의 편찬의 필요성을 충족하고자 한다.

우리가 살아가는 데 각자 살고 있는 땅이 다르고 관습과 풍속이 같지 않다. 그러므로 그때마다 필요에 따라 사용할 것을 조달하는 데에도 고금의 격차가 있고 내외의 나뉨이 있게 된다. 그러하니 중국에서 필요한 것을 우리나라에서 시행하게 되면 어찌 지장이 없을 것인가.

— 《임원경제지》 예언

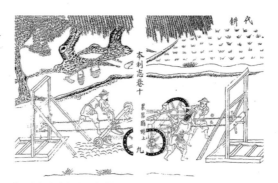

『본리지』에 나와 있는 밭 가는 모습

# ◈ 실용적인 지식과 정보를 담은
## 《임원경제지》

서유구가 젊었을 당시 그의 집안은 도성 안에서도 책이 많기로 유명한 집안이었다. 선대 할아버지부터 아버지에 이르기까지 집안의 어른들은 청나라의 사신으로 다녀오면서 많은 책들을 구입해 왔다. 그중에는 보통 사람들이 쉽게 볼 수 없는 책들도 많았다. 서유구가 일했던 규장각에도 많은 서적들이 있었다. 서유구는 그곳에서 책을 만들면서 많은 자료들을 볼 수 있었다. 또한 농사를 지으면서도 많은 책들을 탐독했다.

《임원경제지》는 서유구의 방대한 독서의 결과 탄생한 책이다. 이 책에는 중국, 일본, 조선이 그때까지 생산한 지식이 총망라되어 있다. 《임원경제지》에 인용된 책은 총 893종이다.

무엇보다도 특기할 점은 《임원경제지》에 담긴 지식은 당시 조선의 선비, 사대부, 양반들이 어린 시절부터 배우고 익힌 학문인 유학, 즉 철학이나 정치학, 역사와 관련된 관념적인 것이 아니라는 점이다. 《임원경제지》는 당시로서는 매우 새로운 형태의 지식, 인간으로서 실제 생활을 영위하는 데에 반드시 필요한 실용적인 지식을 담고 있다. 따라서 《임원경제지》는 서유구의 실학자로서의 면모를 여실히 보여주는 저작이다.

『산림경제』는 홍만선(1643-1715)이 숙종 대에 지은 농서이면서 가정생활을 다루고 있는 백과사전이다. 여러 곳의 지방관을 역임하면서 향촌 사회의 경제생활의 지침서의 필요성을 느껴 편찬하였다. 당시에 간행되지 못하고 필사본으로만 전해졌다. 이후 1766년 유중림이 16권 12책으로 증보해서 간행했는데, 이것을 『증보산림경제』라 한다. 『증보산림경제』는 『산림경제』 중에서 당시 조선의 현실과 맞지 않은 내용을 빼고, 현실에 맞는 내용을 보충했다. 전체 분량은 『산림경제』의 두 배 정도 되었다. 서유구는 《임원경제지》 서문에서 향촌생활에 필요한 책으로 조선에 유일한 『산림경제』를 인용하고 있다. 하지만 이 책이 군더더기가 많고 내용도 협소하다고 하여 《임원경제지》를 편찬하게 된 계기가 되었다는 점을 보여주고 있다. 《임원경제지》는 『산림경제』와 같은 16지로 편찬되었지만 실제 구성은 많이 다르며 분량도 『산림경제』보다 16.8배의, 『증보산림경제』의 8.4배에 달한다.

『산림경제』

『산림경제』는 복거(주택의 선정과 건축) · 섭생(건강) · 치농(곡식과 기타 특용작물의 재배법) · 치포(채소류 · 화초류 · 담배 · 약초류 재배법) · 종수(과수와 임목의 육성) · 양화(화초와 정원수의 배양법) · 양잠 · 목양(가축 · 가금 · 벌 · 물고기양식) · 치선(식품저장법 · 조리법 · 가공법) · 구급 · 구황 · 벽온(전염병에 대한 대처법) · 벽충(해로운 벌레,동물 퇴치법) · 치약(약재와 채약법) · 선택(길흉일과 방향의 선택) · 잡방(그림 · 글씨 · 도자기 등을 손질하는 방법) 등의 16지로 되어 있다.

## 《임원경제지》의 구성과 서술의 방식

이제 구체적으로 《임원경제지》를 살펴보자. 서유구는 《임원경제지》 서문에서 책의 내용과 서술 방식을 밝히고 있다.

> 대개 사람이 세상을 살아가는 데 벼슬하여 조정에 나가거나 벼슬하지 않고 향촌에 머물거나 이렇게 두 가지 길이 있다. 벼슬하여 조정에 나가게 되면 세상을 구제하고 백성에게 은택을 베푸는 것이 그 임무이다. 벼슬하지 않고 향촌에 머물게 되면 힘써 먹을 것을 해결하고 뜻을 기르는 것을 그 임무로 삼는다.

우선, 사람이 세상을 살아가는 두 가지 길을 제시한다. 한 가지는 벼슬을 해서 녹봉을 받아 사는 일, 다른 한 가지는 시골에서 스스로 농사지으며, 뜻을 기르면 사는 길이다. 즉, 무위도식하는 양반이 아니라 스스로 경제활동을 함으로써 자립적으로 살아가는 선비의 길이다. 그 길은 어떤 길인지를 다음에 설명하고 있다.

> 무릇 밭 갈고**본리지** 베 짜고**전공지** 작물을 재배하고**관휴지** 나무 기르는 방법과**만학지** 음식을 만들고**정조지** 가축을 기르고 사냥하는 방법**전어지**은 모두 시골생활에 필요한 것들이다. 그리고 날씨의 변화를 점쳐서**위선지** 농사에 힘쓰고, 집 지을 터를 잘 살펴보고**상택지** 이에 따라 집을 짓는다.**섬용지** 그리고 재산을 늘려 생계를 꾸려나가고**예규지** 도구를 갖추어 사용에 편리하게 하는 일**유예지** 또한 마땅히 있어야 할 것들이다. 그래서 지금 그와 관련된 글을 수집하여 기록하는 바다.

사람이 먹고살기 위해서는 여러 가지 생계활동이 필요하다. 일단 의식주를 해결해야 한다. 요컨대 농사짓기, 베 짜기, 여러 작물을 재배하는 일, 나무 심고 기르는 일, 음식을 만들고, 가축을 기르고 사냥하는 일, 또한 집짓는 일, 농사를 위해서 기상의 변화를 아는 것, 그리고 생계를 꾸리는 데 필요한 여러 경제생활, 생활에 필요한 여러 가지 도구를 만드는 일 등이 일차적으로 필요한 일이다. 즉, 이것은 시골에 살면서 힘써 먹을 것을 해결하기 위한 지식인데, 이것이 《임원경제지》에 열한 가지 주제로 들어가 있다.

> 스스로의 힘으로 먹고사는 일이 진실로 갖추어졌다면, 시골에서 살면서 맑게 자신을 닦는 선비가 어찌 다만 입으로 먹고 배를 채우기 위한 일만 하겠는가? 화훼 가꾸는 법예원지을 익히고 글유예지과 그림이운지을 바르게 공부하며, 이어서 자신을 길러내는 방법보양지도 모두 그만둘 수 없을 것들이다. 의약인제지은 궁벽한 시골에서 위급할 때를 대비하는 데 유용하고, 길흉의 예절향례지은 마땅히 덜거나 더해서 행해야 할 것들이다. 그러므로 또한 아울러 같이 수집하여 채록하였다.

의식주가 해결되었다고 해서 인간으로서의 생활이 다 충족된 것은 아니다. 몸과 마음을 수양하고 가꾸는 일이 필요하다. 꽃을 가꾸고, 글을 읽고 그림을 감상함으로써 마음을 수련하고 선비로서 자신을 수양하는 일(양지良志)을 해야 한다. 또한 몸을 보양하고, 질병에 관한 지식도 있어야 위급한 상황에 대처할 수 있으며, 공동체에 살면서 함께 지켜나가야 하는 예절과, 의례, 의식 등도 필요한 것이다. 여기에 관련된 지식이 다섯 가지 종류이며, 《임원경제지》의 주제로 들어가 있다.

식력의 열한 가지 주제와 양력의 다섯 가지 주제 등 16개의 대주제는 지志라고 했다. 지志는 다시 큰 제목을 두어 어떤 내용이 들어가는가를 보여주었고, 큰 제목 아래 작은 조목을 두었으며, 작은 조목에는 여러 서적에서 뽑은 내용을 넣었다. 내용이 많고 복잡하기 때문에 내용의 요지를 표제어로 만들어 붙였다. 주석 부분에는 인용한 서적을 네모를 둘러 표시한 후 내용을 넣었다. 인용에 대한 서유구의 논의 부분은 【案】 이하에 넣었다.

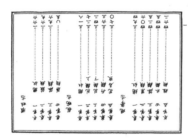

《임원경제지》 목차

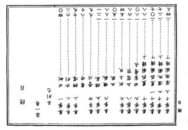

위의 동그라미는 표제어 부분. 중간의 동그라미는 안案이라는 글자인데, 서유구 자신의 주석을 적은 부분이다.

| 구분 | 대주제 | 내용 |
|---|---|---|
| 식력 | 본리지 | 곡식농사 백과사전 |
| | 관휴지 | 약초농사 백과사전 |
| | 예원지 | 화훼농사 백과사전 |
| | 만학지 | 과실 · 나무농사 백과사전 |
| | 전공지 | 의류 백과사전 |
| | 위선지 | 기후 백과사전 |
| | 전어지 | 목축 · 양어 · 양봉 · 사냥 · 어로 백과사전 |
| | 정조지 | 음식 백과사전 |
| | 섬용지 | 건축 · 도구 · 일용품 백과사전 |
| | 상택지 | 풍수 백과사전 |
| | 예규지 | 상업 백과사전 |
| 양지 | 유예지 | 교양 백과사전 |
| | 이운지 | 문화예술 백과사전 |
| | 보양지 | 건강 백과사전 |
| | 인제지 | 의학 백과사전 |
| | 향례지 | 의례 백과사전 |

# ❖《임원경제지》들여다보기

## (1) 『본리지』 13권 6책, 총 151,254자

　『본리지』는《임원경제지》의 첫 권으로 곡식농사 백과사전이다. "봄에 밭 가는 것이 근본本이요, 가을에 수확하는 것이 이익利이다"라는 말에서 이 주제의 제목을 따왔다고 설명하고 있다. 경耕(밭 갈다), 색穡(수확하다)이라고 하지 않고 본리라고 한 이유는 곡식은 낱알을 하나 심으면 수백 수천의 낱알을 수확할 수 있기 때문에 근본적인 이익을 가져다주는 것이라는 의미에서 본리라는 제목을 달았다. 여기에 농사가 국가 경제의 근본이라는 점에서 첫 권을 본리지로 했다.

| 구분 | 주제 | 내용 |
|------|------|------|
| 1권 | 토지 제도 | 토지의 측량법('결부법: 토지의 비옥도에 따른 넓이의 조절' '결묘법: 동일한 척도로 동일한 넓이의 파악') |
| 2권 | 수리 | 농지에 물을 대는 방법: 치수부터 우물과 샘까지를 다룸 |
| 3권 | 토양 | 우리나라 팔도의 토질, 흙에 맞는 곡물판별법, 24절기에 따른 적절한 농사시기 및 상세한 풀달력 |
| 4권 | 농지 | 농지에 관한 총론과 개간법, 밭갈이, 써레질, 거름 등 |
| 5권, 6권 | 곡물 재배 기술 | 곡식의 파종과 가꾸기, 곡식의 수확과 저장 |
| 7권 | 곡물의 품종 | 논곡식과 밭곡식을 품종별로 이름과 특성을 밝힘 |
| 8권 | 농사의 재해 | 홍수, 가뭄, 안개나 바람, 벌레 피해 기타 재해의 유형과 방지법 |
| 9권 | 절기와 농사 | 농가달력표 1월부터 12월까지 농사에 필요한 항목 |
| 10권, 11권 | 농기구 | 그림으로 보는 농사기구 |
| 12권, 13권 | 관개시설 | 그림으로 보는 관개시설 |

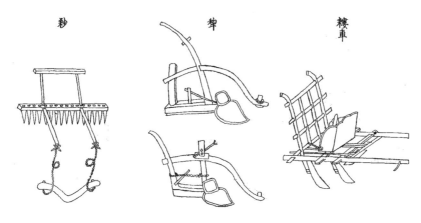

그림으로 보는 농사기구

　왜 본리라고 이름을 지었는가? 옛 기록에 "봄에 밭 가는 것이 본이요, 가을에 수확하는 것이 리이다"라는 말이 있으니 본리는 "밭 갈고 수확하는 것"을 일컫는다.

　그렇다면 밭 가는 것을 왜 본이라고 하고, 수확하는 것을 왜 리라고 하는가? 옛날에 상인 두 사람이 길을 가다가 어느 쪽이 이익이 많이 나는지를 서로 비교하였는데, 걸어가면서 시끄럽게 떠드는 소리가 그치지 않았다. 이때 길가 조밭에서 이삭을 베던 한 아낙이 이삭 하나를 들어 그들에게 보여주었다. 그 뜻은 바로 씨앗 하나를 밑천으로 백배 천배의 이익을 얻을 수 있다는 것이었다. "밭 갈고 수확하는 것"이라 말하지 않고 굳이 '밑천과 이득(본리)'라고 말한 것은 이것을 부러워하기 때문이다.

… "하늘이 하는 일을 사람이 대신 한다"고 말하지 않았는가? 구획을 나누어 씨앗을 심고 수차와 맞두레를 이용하는 일은 가뭄을 막기 위한 것이고, 방죽이나 제방을 쌓고 논밭 사이에 물길을 만드는 일은 수재를 막기 위한 것이며, 쟁기나 써레를 쓰고 거름을 주는 일은 메마른 땅을 기름진 땅으로 바꾸기 위한 것이다. 근본을 도탑게 하고 농사를 가르쳤던 옛사람의 설명은 이미 갖추어져 있다. 다만 사람들이 무지하여 이것을 서로 권장하고 도와줄 수 있는 이가 거의 없다는 것이 걱정스러울 뿐이다.

여기 본리지에서는 위로 범승지의 범승지서와 가사협의 제민요술에서부터, 아래로 마일룡의 농설, 맹기의 농상집요, 하백원의 자승차도해, 서핑계의 농정전서 등의 여러 전문서에 이르기까지 여러 편에서 글을 뽑아, 농사에 종사하려는 데도 농사의 기술에는 어두운 사람을 인도해줄 것이다.

본리지에 수록된 제목은 토지제도, 수리, 토질분별법, 시후살피기, 농지가꾸기, 파종과 가꾸기, 수확과 저장, 곡식이름고찰, 농사의 다섯 가지 재해 고찰, 농가달력표, 그림으로 보는 농사연장, 그림으로 보는 관개시설 및 기구 등이며 모두 13권으로 구성되었다.

―『본리지』 서문

### (2) 『관휴지』 4권 2책 40,693자

관휴灌畦는 휴전에 물을 댄다는 의미를 가지고 있다. '휴'는 밭두둑이라는 뜻을 가지고 있는데 여기서는 채소를 기르는 밭을 의미한다. 즉 『관휴지』는 우리가 반찬으로 만들어 먹을 수 있는 식용 식물과, 약으로 쓰이는 약용 식물에 관한 지식과 정보가 담겨 있다. 각종 산나물과 바다에서 나는 식물과 채소, 약초 등의 이름과 파종 시기와 종류 및 재배법 등을 담고 있다.

| 권 | 주제 | 내용 |
|---|---|---|
| 1권 | 총서 | 밭농사를 위한 농지 만들기, 심기, 거름주기, 보관하기 |
| 2권 | 채소류 | 아욱, 파, 부추, 마늘, 달래, 생강 등 채소의 이름과 품종, 적합한 토양, 파종시기 및 가꾸기, 거름주기, 보관하기 |
| 3권 | 풀열매류 | 오이, 호박, 수세미, 박, 가지 등 |
| 4권 | 약류 | 인삼, 죽대, 지황, 도라지, 천문동, 결명자 등 |

하늘이 사람을 낳을 때 반드시 사람에게 먹을 것을 주어서 그 삶을 보존하게 한다. 사람이 먹을 것을 받을 때 풀과 남새를 먹는 것은 하늘로부터 받은 바에 순종하면서 만족하는 것이다. 깃털이나 털이 달린 짐승, 물고기나 껍질이 있는 수중 동물을 먹는 것은 받은 바에 거스르고 피를 낸 것이다. 어째서 그런가?

무릇 혈기가 돌고 지각이 있어 꿈틀대는 무리는 사람과 거의 같기에 서로 넘보려고 하는 습성이 있다. 하지만 생명의 기운을 갖추고 있으면서도 흙에 머리를 거꾸로 박고서 부드럽고 연하여 스스로 돌아다니지 못하는 식물만은, 기꺼이 사람에게 먹을거리로 제공되니 이는 본디 자연스러운 것이다.

글씨가 떨어져 나간 『관휴지』 표지

어찌 절실하지 않을까! 더욱이 여기 임원에서 고상한 삶을 표명하니, 두렁 밭으로 나누어 씨 뿌리고 항아리로 물을 길러 작물에 물 대주는 일이 실제로 늘 필요하여 소홀히 할 수 없다.

그래서 관휴지에는 중국과 우리나라의 방법을 두루 모아 농지 만들기, 심기, 거름주기, 보관하기의 방법을 총괄 서술하여 한 권을 만들었다. 그리고 매운 채소, 훈채, 향채, 부드러운 채소를 '채소류'로, 외, 박, 가지, 토란 같은 열매는 '풀열매류'로 묶었다. 또한 채소이면서 약재료로 쓰이는 풀을 '약류'로 묶어 각각을 구별하고 늘어놓았으니, 노련한 채소농사꾼의 학문을 갖추기 위함이다.

―『관휴지』 서문 중에서

### (3) 『예원지』 5권 2책, 67,372자

꽃과 같이 보고 즐기기 위해 가꾸는 식물을 화훼라고 한다. 『예원지』는 화훼농사 백과사전이다. 예원藝畹이라는 말은 '난초를 기른다'는 뜻으로 썼다. 『본리지』나 『관휴지』에서 다루지 않았던 식물을 다룬다. 관상용 꽃은 생계와는 직접 관련이 없지만 우리의 이목구비 중에서 입을 제외한 눈과 귀와 코를 즐겁게 해 주는 것이다. 서유구는 입의 구미에만 치우쳐 나머지 감각을 무시하는 것은 편협된 것이라고 보았다. 왜냐하면 이목구비의 감관이 모두 온전해야 심성도 온전하게 길러지기 때문이다. 따라서 꽃을 가꾸고 감상하는 것이야말로 생활의 활력소를 제공하고 심성을 닦는 근원적 수양 행위라고 보았다.

『예원지』

| 권수 | 주제 | 내용 |
|---|---|---|
| 1권 | 총서 | 파종과 옮겨심기, 접붙이기, 관리, 보호하기, 배치 및 품평, 절기 |
| 2권, 3권 | 화류 | 꽃류, 모란, 서향, 동백, 치자, 매화, 함박, 연꽃 등 꽃의 이름과 품종, 알맞은 토양, 파종시기, 거름주기 |
| 4권 | 훼류 | 석창포, 길상초, 만년송, 소철 등의 이름과 품종, 파종과 가꾸기, 거름주기, 보호하기, 품평 쓰임새 등 |
| 5권 | 화명고 | 꽃이름 고찰, 모란, 함박꽃, 국화 등 다양한 종류를 다룸 |

풀 종류 중에서 먹을거리가 될 만한 것은 모두 채소류에 넣었다. 먹기에는 맞지 않지만, 꽃이나 잎의 완상거리를 제공하는 것은 따로 구별하여 예원지로 만들었다. 이 제목은 '난초를 가꾼다'는 뜻을 취한 것이다. …

어떤 사람이 힐난하며 말하였다.

"곡식과 채소를 가꾸는 것은 삶을 녁녁하게 하는 것이라 실제에서 유익합니다. 그렇지만 화훼류 같은 것은 단지 볼거리만을 제공하는 것인데 어찌 이리 급급해하십니까? 전에 이르기를 '무익한 것으로 유익한 것을 해치지 않는다'고 했습니다. 이제 이렇게 예원지를 쓰는 것은 쓸데없는 일이 아니겠습니까?" 내가 답하였다.

"그렇지 않습니다. 무릇 사물을 기르는 데 허가 있고 나서 실을 기를 수 있어야 온전하게 됩니다. 만약 실을 기르기에 힘써야 한다는 것만을 안다면 기르는 것이 도리어 황폐해집니다. 반드시 허와 실을 함께 길러야만 비로소 온전해지지요. 노자가 말하지 않았습니까? '집에 문을 뚫어 밝게 만들려면 그 방이 비어야 방의 쓰임이 있다'는 것이고, '비어 있다'는 것은 '허'입니다. 허를 기르는 것이야말로 실을 기르는 근원이 아니겠습니까?"

사람에게 입은 본래 버게 있는 것이고, 귀와 눈, 코도 버게 있는 것이다. 만약 저것만을 기를 줄 알고 이것을 기를 줄 모른다면 입만 기르는 일은 한

쪽으로 너무 치우친 일이 아니겠는가? 만약 우리 사람에게 보탬이 될 만한 것들을 찾고자 한다면, 반드시 오관을 모두 만족시키는 것을 찾은 뒤에라야 좋을 터이다. 이것이 본리지, 관휴지에 이어 예원지를 쓰는 까닭이다.

―『예원지』서문

## (4) 『만학지』 5권 2책 67,906자

『만학지』는 과실·나무농사 백과사전이다. 만학晚學은 '늦게 배우다'라는 뜻이다. 과실·나무농사 백과사전에 왜 만학이라는 제목을 붙였는가에 대해 서유구 스스로 밝혀놓은 것은 없다. 하지만 번계에 살 때 지은 시에 나와 있듯이 나이 들어 할 수 있는 농사가 나무농사라고 생각했고, 그리고 다른 어떤 것보다 스스로 늦게 나무에 대해서 관심을 가졌기 때문이 아닐까 짐작된다. 『만학지』에는 수십 종의 과실류에 해당하는 나무와 재목으로 쓰이는 나무 그 밖의 초목 잡류에 이르기까지 그 품종과 재배법 및 벌목법, 보관법 등을 설명하고 있다.

| 권수 | 주제 | 내용 |
|------|------|------|
| 1권 | 총서 | 씨뿌리고 심기, 접붙이기, 거름주기, 손질하기, 보호하고 기르기, 거두기 등 |
| 2권, 3권 | 과일류 | 자두, 살구, 매실, 복숭아 등 31종의 과일나무의 이름과 품종, 알맞은 토양, 파종과 가꾸기, 보관법, 쓰임새, 접붙이기 등 |
| 4권 | 나무류 | 소나무, 측백나무, 느릅나무, 버드나무 등 |
| 5권 | 기타 초목류 | 차, 대나무, 청대, 파마자, 갈대, 왕골, 담배 등 |

… 우리나라 사람들은 대부분 농사에 서투르다. 농사의 근본이 어두운데 어느 겨를에 나무 재배까지 애쓰겠는가? 높은 산 깊은 골짜기에서 제멋대로 자라다 말라 죽는 유실수의 경우는 간혹 꺾어다 꽂아두기도 하나 엉성하기 짝이 없다. 이뿐만이 아니라 명물에 대해서도 궁구하지 못하여, 산앵두를 능금이라 하고 잣나무를 측백나무라 한다. 삼나무보고 전나무라 하니, 쥐고기도 옥도 모두 박(璞 옥돌, 말린 쥐)이라 한 데서 생긴 오해와 같지 않은가. 싸리나무를 표현하면서 초

『만학지』

(楚 가시가 있는 나무)라 하지 않고 뉴(杻 감탕나무)라 하니 콩과 보리도 구별하지 못하는 이보다 낫다 하겠는가?

단단하고 질겨서 유용한 재목이 산림과 못에서 자생하는데, 사람들은 박달이니 가사니 하면서 멀뚱멀뚱 무슨 이름인지 구별하지 못한다. 청해진과 거금도에는 겨울에도 시들지 않는 좋은 재목이 많은데, 이를 싸잡아 사철나무라 한다. 이렇게 이름도 제대로 정리하지 못하면서 어느 겨를에 쓰임새까지 궁구하겠는가? 실질에 힘쓰는 사람들이 강구하여 밝혀야 할 곳이 바로 여기에 있다.

지금 만학지는 총 5권이다. 제1권은 옮겨 심고 접붙이고 가꾸고 거두어들이는 방법을 통틀어 기술한 것이다. 제2권은 자두, 살구, 매실, 복숭아 같은 파일류를 기술한다. 제3권은 참외, 포도 같은 넝쿨 열매류를 기술한다. 제4권은 소나무, 측백나무, 느릅나무, 버드나무 같은 나무류를 기술한다. 제5권은 차, 대, 매오리, 갈대 같은 기타 초목들을 기술한다.

여기에 기술한 것은 단지 오늘날 쓰임에 적당한 도리를 취한 것이라, 양매, 비파, 감람, 녹나무같이 우리나라에서 나지 않는 것들은 여기에 수록하지 않았으니 읽는 사람들이 자세하게 살피기 바란다.

— 『만학지』 서문

## (5) 『전공지』 5권 2책, 58,462자

『전공지』는 의류 백과사전이다. 전공展功이라는 말은 부공을 펼친다는 뜻이다. 부공은 여성 노동력에 의한 고치와 삼베, 모시와 칡, 면의 길쌈을 가리킨다. 인간생활의 세 가지 기본 요소 중의 하나인 의생활 영역에 관한 백과사전이다. 당시에는 옷감을 만드는 길쌈과 옷을 만드는 봉재의 일은 여성의 일이었다. 그래서 부녀자의 공을 펼친다는 의미의 '전공지'라는 제목을 붙였다.

『전공지』에는 뽕나무를 재배하는 일을 비롯해서 옷감을 만드는 방법, 염색하는 방법 등을 설명하고 있다. 길쌈에는 누에, 삼베, 모시, 칡, 목면 등을 활용하는 것인데, 서유구는 방적하는 방법을 상세하게 설명하면서 그림을 곁들이고 있다. 특히 여러 가지 간편한 도구와 정밀한 방법을 새롭게 익혀야 한다는 점도 강조하고 있다.

| 권수 | 주제 | 내용 |
|---|---|---|
| 1권, 2권 | 누에치기와 천짜기 | 뽕나무 재배, 꾸지뽕나무 재배, 누에치기, 고치 기르기와 실켜기, 천짜기, 염색 등 |
| 3권 | 삼베류 천짜기 | 삼재배, 모시재배, 어저귀 재배, 칡재배, 목화재배 등 |
| 4권 | 그림으로 보는 누에치기와 길쌈 | 누에치기 방에서부터 말리는 곳까지 30여 유형의 작업과정을 담은 그림 |
| 5권 | 그림으로 보는 길쌈 | 각종 기구류로부터 작업 방식까지 45까지의 유형을 담은 그림 |

전공은 부공을 풀어놓은 것이다. 부공이란 무엇인가? 방적이다. 방적이란 무엇인가? 누에요, 삼이요, 모시요, 칡이요, 목화다.

이 지는 방적을 풀어놓은 방법이 이미 자세한데도, 도보까지 두어 밝힌 이유는 무엇인가? 우리나라 사람이 이를 본떠 실행하게 하고자 하기 때문이다. 본뜸은 무엇을 뜻하는가? 좋은 것을 택함을 뜻한다. 좋은 것을 택하는 방법은 어디서 찾을 것인가? 중국에서 찾는 것이 좋다.

우리나라 사람에게도 나름 방법이 있는데 왜 중국에서 찾는가? 우리 것이 좋지 않기 때문이다. 우리 것이 좋지 않다면 어찌할까? 누에치기로 말해보자면 잠실을 따로 만들어 누에를 거기에 두고, 바람으로 시원하게 하기도 하고 불로 덥혀주기도 하며, 이를 위해 잠박으로 고르게 배열하고 이를 위해 잠망으로 누에 나누기를 하며, 세 잠과 네 잠의 시기를 조절하고, 봄 치기와 가을 치기의 구분을 따라야 좋아질 수 있다.

그런데 우리나라는 그렇지 않아서 사람 기운이 밴 구들장에다 누에와 뽕잎을 잡다하게 뒤섞어놓으니 참으로 이미 뽕잎이 시들거나 썩어 문드러지는 길이다. 게다가 마음대로 누에를 자주 집어 들기도 하고 잠망과 잠박 만드는 방법조차 알지 못한다. 그래서 눅눅하고 청결하지 않아 억지로 손으로 잡아당기다가, 누에의 발이 떨어지거나 껍질이 벗겨지니 손상된 누에가 거의 태반이다.

… 고치의 실을 켤 때는 소거를 만들어 운용하는데, 물레를 만들어 감으면 저절로 뽑아진다. 베를 짤 때는 발끝을 조금 움직여 저절로 열리고 닫히게 하고, 2-3명이 실을 내어 비단 무늬가 어긋나지 않도록 한다. 그런데 우리나라 사람은 물레가

「전공지」

누에에서 실을 뽑는 모습(전공지)

조잡하여 억지로 손으로 고치실을 풀어 납작하게 만들거나 둥근 덩이로 만든다. 또다시 억지로 손으로 비벼서 천신만고로 만든다. 비단 짜는 방법도 전혀 몰라 알록달록 예쁜 의복을 보지 못했다. 이는 실켜기와 비단 짜기가 좋지 않기 때문이다.

어찌 누에치기만 그럴까? 목화를 켜는 방법은 씨아와 무명활로 순식간에 광주리를 다 채우는 것이다. 물레는 얼레 3대를 설치하며 5대까지 설치하기도 한다. 베짜기는 편안하게 앉아서 하고, 또한 돌기구로 평평하게 한다.

사용하는 기구는 날이 갈수록 간편해지는데 우리는 먼 옛날의 방법을 고수하여 백배로 힘들면서도 깨닫지 못한다. 대체로 목면은 한나라 의복 중 가장 중요한데도 도리어 정밀한 방도를 강구하지 않고 조야하고 조악한 방법으로 돌아가고 만다. 하물며 삼과 칡이랴. 온 나라가 궁핍해진 것은 바로 이런 것들에서 연유하니 그러므로 옷감을 만드는 방법들은 서둘러 중국을 본받아야 할 것이다. 모두 5권이다.

—『전공지』 서문

### (6) 『위선지』 4권 94,696자

『위선지』는 여러 가지 자연현상을 보고 기상을 예측하는 방법을 담고 있는

기후 백과사전이다. 서유구가 이 내용을 넣은 이
유는 농사에 가장 크게 영향을 미치는 기후를 예
측할 수 있는 기상과 천문 자료를 보여주려는 데
에 있다. 제목명인 위선魏鮮은 중국 한나라 때의
뛰어난 천문학자로 일 년이 시작한 첫날의 천문
기상을 보고 그해의 농사가 풍년이 들지 흉년이
들지를 예측한 사람이다.

『위선지』

이를 예상하는 방식은 하늘의 상태, 기상현상
등을 포함한 각종 자연물의 모양, 움직임, 색, 위치, 시기 등을 관찰하여 기
후, 바람, 가뭄 및 홍수 등을 예측하는 방식이다.

| 권수 | 주제 | 내용 |
|---|---|---|
| 1권 | 일 년의 예측 | 각 월 단위로 주요 절기의 의미와 예측법, 징후 등 |
| 2권 | 자연의 예측 | 하늘과 땅, 해, 별, 달, 바람, 비, 구름, 안개와 노을, 무지개, 우레와 번개, 서리와 이슬, 눈, 우박, 얼음, 은하수, 초목, 곡식 등으로 예측하는 법과 징후의 판별 |
| 3권 | 천문 | 별자리의 변화와 60갑자에 따른 예측법과 징후 |
| 4권 | 풍우에 따른 예측법과 징후 | 비와 바람에 따른 예측법과 징후 |

맑은 기운과 요상한 기운을 살피고, 기후를 점치고 예측하는 일은 그 유래
가 오래되었다. 비재가 먼저 특이한 능력을 드러냈고, 위선은 그 뒤로 명성
을 이었다. 그러나 그 천문의 기술을 고찰하고 숙달할 수 있는 이가 드물어,
지금에 이르러서는 거의 흩어져버렸다. 전해오는 기록에 잡다하게 남아 있

『위선지』에 나와 있는 〈객운도〉. 객운은 1년을 오등분했을 때 비정상적인 기상변화를 말한다.

는 것들 중 대부분이 번쇄하고 뒤엉켜 오류로 가득 차 있으니, 누가 그것을 하나하나 밝혀줄 수가 있을 것인가?

하나의 실마리를 제시하자면 일월의 간지로써는 그 풍흉을 확인하고 절기의 음양을 관찰하여 장마와 가뭄을 판별한다. 그런데 간지란 인간의 작위에서 시작된 것이지, 하늘의 소관이 아니다. 절기는 인간의 의도적 안배에 속할 따름이지, 어찌 수나 화 따위로 견강부회할 것이겠는가? 그러한 즉 실질에 힘쓰는 사람이라면 오호라 무엇을 따라야 하는가.

…

지금 자질구레한 것들을 점치고 예측하려는 자들은 농부나 촌부들에게 귀동냥하거나 과거 흔적의 파편들을 모으거나 옛사람들의 어지러운 찌꺼기를 찾으려 하지만 이것들을 근거 삼아 눈앞에서 실제로 확인하는 일이 가능할 것인가?

무릇 태양은 지구를 둥글게 둘러싸 돌고, 달과 별은 태양의 기를 받으니 그 운행에서 더위와 추위가 있고, 홍수와 가뭄도 있고, 바람과 비도 있고, 흐린 날과 맑은 날도 있다. 이러한 도에 밝은 자라야 아마도 기후를 점치고 헤아리는 실제를 이야기할 수 있으리라.

그렇지만 지금은 세상에 그 방법을 연구하는 사람들이 없기에, 예로부터 전해져 버려오는 말들을 간략하게 취해서 한때나마 살펴볼 수 있게끔 갖추는 일도 적절한 터이다. 지금 이 위선지에 채록해놓은 것이 모두 4권으로 일 년의 예측과, 비와 바람의 예측, 두 조항으로 묶었다. 대부분이 모두 민간에서 떠도는 말이거나 점치는 요결들로 농사짓는 이들이 의지하고 상고할 수 있도록 채운 까닭은 밭 갈고 수확하는 일을 그르치지 않기를 바라는 뜻에서이다.

— 『위선지』 서문

## (7) 『전어지』 4권 2책, 88,433자

『전어지』는 목축, 사냥, 고기잡이 등에 관한 내용을 담고 있는 백과사전이다. 전어佃漁는 사냥과 고기잡이라는 뜻이다. 사냥과 고기잡이는 서로 아주 다른 일인데 함께 넣은 이유는 이 일들이 군대를 유지하고, 놀이로 할 수 있으며, 돈을 벌수도 있고, 집안의 생계를 유지할 수 있다는 공통점이 있기 때문이라고 설명하고 있다.

| 권수 | 주제 | 내용 |
|---|---|---|
| 1권 | 목축, 양어, 양봉(上) | 총론과 말 키우는 법 |
| 2권 | 목축, 양어, 양봉(下) | 소, 당나귀와 노새, 양, 돼지, 개, 고양이, 닭, 거위와 오리 물고기 꿀벌 등의 이름과 품종, 그리고 기르는 법 |
| 3권 | 사냥과 고기잡이 | 매와 사냥개, 총과 활, 그물과 함정, 기타 사냥법과 그물, 통발, 낚시와 작살, 기타 고기잡이 방법 |
| 4권 | 물고기 이름 고찰 | 민물고기와 바닷물고기를 구분하여 어종별로 다룸 |

『전어지』는 서유구가 임진강 주변인 난호에 살 때 어업에 종사한 경험을 저술한 『난호어목지』에서 많은 부분을 인용했다. 『전어지』에는 고기잡이와 어구

뿐만 아니라 가축의 사육과 질병치료, 여러 가지 사냥법 등을 설명하고 있다.

가축을 기르는 일과 짐승을 사냥하고 물고기를 잡는 일은 다른 것인데, 지금 모두 하나의 지에 넣은 것은 그것을 필요로 하는 뜻이 같기 때문이다. 만약 분류하여 논한다면 그 수요에는 대개 네 가지 측면이 있다. 군대 유지를 위한 수요가 그 하나요, 놀이를 위한 수요가 또 하나이며, 재산 증식의 수단으로서의 수요가 또 다른 하나요, 봉양을 위한 수요가 마지막 하나이다.

주나라의 제도를 고찰해보면 대사마는 봄 사냥과 가을 사냥의식, 가을의 군사훈련과 여름에 풀을 제거하여 야영지를 만드는 일을 주관하여 때에 맞게 거행하였다. 밭과 들을 정과 목으로 구획하는 법에서는, 하나의 정전에서 나는 군사와 수레와 말과 소의 수로 무비를 갖추는 데 쓴다. … 이제 사냥의식을 행하는 곳과 말 사육장의 설치도 그것이 끼친 것으로써, 군대에서 빠질 수 없다.

새 사냥과 물고기잡이와 사냥은 변질되어 놀이와 향락의 도구, 임금의 거친 유희, 탕자의 노리개로 전락되었기에 많은 규제와 훈계가 있으나 일률적으로 처리할 수는 없다. 만약 그 실제에 힘쓰지 않고 오직 노는 것만 일삼으면 참으로 꾸짖을 만하다. 아직 근심거리가 없을 때 말을 타고 개를 부추겨 호상한 기운을 기르거나 그물을 놓고 낚싯줄을 드리워 우울한 심사를 편다면 한때의 마땅함이 될 수 있을 것이다. 이것이 놀이의 수요이다.

재산을 불리는 것은 목축에서 많이 취하는데 용맹한 장수인 마원이 북지에서 목축한 이야기와 오씨가 끌짜기로 말과 소의 수를 헤아린 이야기에서 그 예를 볼 수 있다. …

만약 부모님을 봉양하는 자라면 진실로 이에 힘써야 한다. … 제사를 모시고 손님을 맞는 데에는 각기 바치는 것이 있어 윗자리에 있는 사람들도 오히려 힘쓰는데 일을 해서 먹고사는 사람들이야 말해 무엇하겠는가? 산에 가서 사냥하기도 하고 물에 가서 물고기를 잡기도 하며 가축을 조심스럽게 먹이고 횃대나 우리의 제도를 잘 살펴서 일가의 삶을 보존한다면 또한 좋지 않은가? 이 지는 또한 봉양을 위해서 쓴 것이다.

『전어지』

더불어 물고기 이름을 고찰한 것 1권을 말미에 덧붙였다. 대개 우리나라 사람들은 명물에 어두워 물고기 이름도 또한 분간하지 못한다. 설문해자에 수록된 낙랑, 반국, 예맥, 사두국에서 나는 것은 국산에 속하지만 오히려 아득하다. 그 나머지는 사투리 잡다하게 섞여 매우 거칠다. 그러므로 지금 있는 물고기를 대략 들고 그 이름과 모양을 고찰하여 종류별로 붙여둔다. 모두 4권이다.

― 『전어지』 서문

## (8) 『정조지』 7권 4책, 128,830자

『정조지』는 음식 백과사전이다. 정조鼎俎는 솥과 도마를 의미한다. 정은 발이 세 개 달리고 양쪽에 손잡이가 있는 솥을 가리키는 글자인데, 동물의 모양을 본떠서 만든 것으로 음식을 삶고 익히는 기구이다. 조는 제사에 쓰이는 희생물을 담는 제기로 도마의 뜻을 담고 있다.

『정조지』에는 각종 식품에 대한 설명, 그리고 각종 음식과 조미료 및 술을 만드는 여러 가지 방법을 설명하고 있다. 음식의 효능 및 금기 등도 담고 있다.

| 권수 | 주제 | 내용 |
|---|---|---|
| 1권 | 음식재료 | 물에서부터 곡류, 채소류, 과일류, 짐승류, 조류, 어류, 양념류 등 |
| 2권 | 조리법에 따른 음식 | 밥과 60여 가지의 떡 등의 익히거나 찌는 음식, 죽과 조청과 엿, 40여 가지의 죽류 등의 달이거나 고는 음식, 미숫가루와 면과 만두, 30여 가지의 면류, 15가지의 만두류 등 볶거나 가루 내어 만든 음식 |
| 3권 | 음료와 과자류 | 탕류, 장류, 차류, 청량음료류, 달인 음료 등의 음료와 꿀과자, 설탕과자, 말린 과일, 과일구이, 약과, 점과 등의 과자류 |
| 4권 | 채소음식 | 채소절임, 말린 나물, 식향채, 자채, 제채, 저체, 자잡채, 외증채, 유전채, 소채 등 |
| 5권 | 고기와 해산물 | 삶기, 굽기, 회, 포 만들기, 해자, 절여 저장하기 등 |
| 6권 | 조미료 | 소금, 장, 식초, 기름, 누룩과 엿기름, 그리고 각종 양념류 |
| 7권 | 술과 절식 | 100여 가지가 넘는 술 만드는 법과 즐기는 법, 다양한 명절에 즐기는 음식 등 |

정(鼎)은 다섯 가지 맛을 조화시키는 그릇으로, 발이 셋이고 귀가 둘이다. 자형의 위쪽은 그 모양을 본떴고, 아래쪽은 장작을 지피는 모습을 본떴다. 주례와 의례, 예기의 세 책을 살펴보면 정에 담는 것은 모두 제사에 받치는 희생물이다. 그러나 주역의 정괘는 상에는 음식을 삶거나 솥 안의 음식을 엎지른다는 뜻이 있으니, 역시 음식을 익히는 도구인 것이다.

조(俎)는 희생을 올리는 그릇이다. 자형은 반으로 나누어진 고기를 본떴다. 반으로 나뉜 고기는 갈라 자른 것이다. 예기를 살펴보면 조에 희생을 올려서 바로 바친다. 그러나 한서의 도조는 또한 도마를 일컫

『정조지』에 나와 있는 조선시대의 오이소박이(장황과). 고춧가루로 버무려진 오늘날의 오이소박이와는 다르다. 오이 가운데를 둥글게 홈을 파서 후추로 양념한 으깬 두부를 그 속에 박아 넣고 끓인 간장을 부어서 하룻밤 삭힌 것이다. 맛이 깨끗하고 고소하며 짭조름해 반찬으로 손색이 없었다고 한다.

기도 한다. 다만 우리나라 사람들은 정이 솥이라는
것은 알면서 조가 희생을 올리는 것이라는 사실은
알지 못하니 엉성하게 알고 있다.

정조지는 9개의 세목이 있는데, 음식재료 익히거나
찌는 음식, 음료, 과자, 채소음식, 고기와 해산물, 조
미료, 술, 절식이며 5권이다. 정조라고 이름을 붙인
것은 그 가운데 큰 것을 들어서 통괄한 것이다.

…

「정조지」

대개 유생들은 지금의 풍속에 의거해서 옛 경전을 말하므로 매번 문구에
매여 견강부회한다는 비판을 받는데, 음식에 대해서도 역시 그렇다. 지금
북경의 사례로 본다면 희생고기와 좋은 음식물이 매우 아름답고 맛있는데
도 불구하고, 우유떡은 위장에 편안하다고 하면서 말린 고기는 버려두고
돌아보지 않으니 이는 무엇 때문인가? 진실로 사람들이 좋아하는 음식은
천 가지 만 가지이기 때문이다.

…

우리 풍속으로 말하자면 청국장이 점점 소문이 나고, 꿀을 곁들인 요리가
풍속에 생겨났다. 그러나 희생고기와 맛있는 음식의 조리법은 중국인들과
는 다르다. 게다가 이런 임원에 살면서 어느 틈에 요리법을 연구하겠는가?
오로지 풍속에 의거하여 알맞게 하면 될 터이다.

―「정조지」 서문

## (9) 「섬용지」 4권 2책 99,076자

『섬용지』는 건축 · 도구 · 일용품 백과사전이다. 섬용贍用은 '쓰는 물건을 넉
넉하게 한다'는 뜻을 담고 있다. 여기에서 쓰는 물건은 집을 비롯하여 일상의

주건 공간에 필요한 집의 재료나 가구 및 소품 등을 가리킨다. 이 물건을 제대로 만들고 활용할 줄 알아야 넉넉하게 쓸 수 있다는 의미를 담고 있다. 생활도구와 교통수단 등에 대해서도 언급하고 있다.

『섬용지』에서 서유구는 조선과 중국을 비교하는 내용을 많이 담고 있으며, 특히 집을 짓는 제도와 도구를 중심 주제로 삼고 있다. 집 짓는 법, 건축 자재, 에너지 및 상수도 공수도구, 주방용기, 의복손질도구, 욕실도구, 실내인테리어 가구 및 용품, 염색재료, 에너지 소비도구, 교통수단, 운송도구, 측정도구, 공업의 실제와 공업의 이해 등이 담겨 있다.

| 권수 | 주제 | 내용 |
|------|------|------|
| 1권 | 집 짓는 방법 | 집배치, 터다지기, 척도, 지붕, 방과 캉, 흙손질, 창, 마루, 부엌과 부뚜막, 뜰, 곳간, 외양간, 화장실, 도랑, 담장, 우물물, 저장고 등 |
| 2권 | 집 짓는 재료 | 목재, 석재, 흙, 기와와 벽돌, 도배재료, 나무하고 물 긷는 도구, 불로 요리하는 도구 |
| 3권 | 복식도구 | 쓰개, 옷과 갓옷, 이부자리, 띠와 신발, 기타 장신구, 여자복식, 재봉도구, 보관법, 몸씻는 도구, 머리 다듬는 도구, 방 안의 도구, 색 내는 도구 등 |
| 4권 | 불과 관련된 도구 | 화로와 숯, 등과 초, 점화도구, 소화도구, 탈 것, 운송기구, 도량형 도구, 공업 총정리 |

… 지금 이 섬용지는 13개 목차로 구성하였으나 한 항목이라도 한숨 나오지 않는 것이 없다. 첫머리에는 건물 짓는 법과 재료에 대해 상세하게 정리하였다. 무릇 건축물이란 우리가 살아가는 곳이니 그 제도에 당연히 완정한 기준이 있어야 한다.

예컨대 기둥의 주위를 다섯으로 나눈 다음 둘을 뺀 나머지에 서까래를 건다.

그리고 그 서까래의 기둥을 셋으로 나눠 하나를 뺀 나머지로 방을 만들며, 그 방을 기준으로 마루를 만든다. 여기서 지도리, 말뚝, 빗장, 문설주, 부엌, 창고, 다락, 곁채 등을 한결같이 이 기준으로 하면 된다.

「섬용지」

그런데 우리나라 사람들은 그렇지 않다. 각자 양이나 공정을 헤아려 자신의 방법을 제멋대로 드러내기 때문에 즐비한 집들 중 하나라도 법도에 맞는 집이 없다. 이 나라에 사람이 과연 있는 것인가?

벽돌 굽는 제도는 아예 들어본 적도 없다. … 질그릇을 굽고 다듬는 공정에서는, 비록 도구는 갖추었다고 하지만 가마 만드는 법이 조악하여 아직 정묘한 단계에 이르렀다는 소리는 듣지 못하였다. 손기술도 거칠고 둔해 대부분 척도에 들어맞지도 않으니 나무하고 물 긷고 불 때어 요리하며 몸 씻고 머리 손질하는 도구들 중 아직도 쓸 만한 좋은 것이 없다.

베 짜는 이는 제대로 된 방법에 어둡고 목수는 적절한 기술을 잃었으니, 복식과 기거의 생활이 어찌 편해지겠는가? 채광기술도 없고 기름 짜는 것은 대부분 부족하니, 채색하고 불 밝히는 데 쓸 물산을 어떻게 다 감당하겠는가? 육상 운송이나 수상 운송 같은 경우는 더욱 빠진 것이 많다. 목축에 관한 행정이 마련되지 않기에 말과 노새 가격은 치솟아 여행자 가운데 이들을 타는 사람은 열에 하나이다. 배는 겨우 다닌다는 이름만 있고, 수레는 전혀 모른다. 그렇기에 온 나라 사람이 지지리도 힘들게 이고 지고 다닌다.

게다가 도량형을 통일하는 일은 왕정의 큰 책무이거늘 지금은 그렇지 못하다. 서울에는 서울의 용도가 있고, 지방에는 지방의 용도가 있다. 어찌 서울과 지방만이 그러하겠는가? 갑 지역에서 곡식을 재는 도량형은 지역과

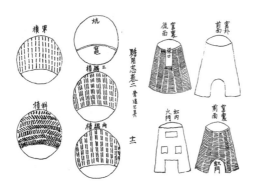

성벽과 벽을 쌓는 방식을 나타낸 그림

같지 않고, 동쪽 창고의 무게를 재는 단위가 서쪽 창고와 각각 다르다. 어느 것을 기준으로 헤아릴 것인가?

이렇게 생활용품 분야의 물건 중 우리나라 것은 대개 이처럼 거칠고 졸렬하다. 그러므로 어쩔 수 없이 이웃 나라에 의지하여 도움을 받게 되니, 북경과의 재화 교류와 대마도와의 무역이 이에서 흥기하게 된 것이다. 아! 우리나라가 예부터 중화를 우러르고 의지한 것은 기술이 미치지 못해서 그런 것이 틀림없다. 그러나 당당히 서로 맞서는 나라로 여기면서 섬나라 오랑캐에게서 기꺼이 수입하게 될 줄 누가 생각하였겠는가? 아! 섬용지를 읽는 이여, 분개하는 바가 있을 것이다.

－『섬용지』서문


### (10) 『보양지』 8권 3책 129,334자

『보양지』는 건강 백과사전에 해당한다. 《임원경제지》 중 세 번째로 분량이 많은 부분이다. 보양保養은 '내 몸에 깃든 좋은 기운을 잘 간직하여 기른다'는 뜻이다. 『보양지』는 『인제지』와 더불어 사람의 몸을 다루고 있는 부분이며 두 가지를 합치면 거의 분량이 전체의 절반에 이른다. 의학을 다루는 두 부분 중

『인제지』가 치료에 해당한다면 『보양지』는 예방과 양생을 다루고 있다고 말할 수 있다.

몸뿐만 아니라 마음을 기르는 방법도 담고 있다. 유가를 비롯해서 불가와 도가의 방법도 두루 포함시켰다. 식이요법, 수련방법, 부모를 오래 모시는 것과 아이 기르는 방법도 들어 있다.

| 권수 | 주제 | 내용 |
|------|------|------|
| 1권 | 총서 | 섭생과 삼가야 할 일 |
| 2권 | 정(精)기(氣)신(神) | 정 지키기, 기 고르게 하기, 정신(신) 기르기 |
| 3권 | 일상생활과 음식 | 몸 기르기, 음식조절, 때맞추기 |
| 4권 | 몸의 수양 | 도인, 안마, 노래, 주문 등 |
| 5권 | 약음식의 복용 | 약과 약이 되는 음식, 약주와 약떡 등 |
| 6권 | 부모나 노인보양 | 원기 기르기, 병 치료하기 |
| 7권 | 출산과 육아 | 출산과 육아 |
| 8권 | 월별 양생표 | 1월부터 12월까지 계절에 맞춘 도인법과 음식, 목욕법, 의복, 잠, 금기사항 등 |

도가에는 정기를 수련하는 중요한 방법이 있고, 석가의 도는 마음을 다스리는 뜻을 밝혔다. "사물은 시초가 없는 데에서 끊임없이 생겨나고 생겨난다. 천지에 앞서서 저절로 존재하며, 천지가 생긴 이후에도 역시 저절로 존재한다"고 하는데 도가에서는 그것을 현빈이라 하고 석가에서는 진여라 한다. 이 두 사람의 가르침은 오로지 이것을 보전하는 것만을 힘쓰려 하지 그 밖의 것은 구하지 않는다.

그래서 도가는 깨끗한 마음으로 무위를 따르면서 몸을 수련하고 교묘한

「보양지」

재주와 지혜를 버려 신선에 이르려 하고 석가 또한 깨끗한 마음으로 무위를 따르면서 마른나무나 죽은 재처럼 만들어 성불하기를 기약한다. 그들의 언설이 어찌 나름의 일리가 없을까마는 단지 그 하나만으로 가르침을 삼고자 하니, 이는 한쪽으로 치우친 것이다.

이제 공자께서 가르친 도는 떳떳한 인류에 근본하고, 예악형정으로 두루 살펴 서로 받쳐주고 서로 달래주니, 마음을 다하고 본성을 밝히는 학문이 저절로 그 속에 깃들어서 세상을 구제할 수가 있다. 우리의 도는 유형에서 얻은 것이고, 저 두 사람은 무형에서 얻는 것이다. 이로부터 판단하면 우리와 저들의 차이를 알아챌 수 있으리라.

그러나 우리가 언제 신기를 다잡는 일을 저버린 적이 있는가? 단지 그런 일은 대도의 한 실마리일 뿐이므로 말을 드물게 할 뿐이다. 맹자에 야기를 기르는 이야기가 있고, 주자께서도 일찍이 공동도사라는 이름에 의탁해서 호흡법에 뜻을 둔 적이 있으니 이런 것을 폐할 수가 없음은 명백하다.

사람의 생명은 하늘에서 받은 것이라 본래 허령불매한 것이나 욕심이 있어 질곡에 빠져 망가뜨리므로 마침내 그 초심을 회복하지 못하는 경우가 많을 뿐이다. 이제 단정히 앉아 마음을 고요히 바라보면서 화를 내리고 정기를 길러 그 생명을 보증하는 것 또한 하나의 도라고 하겠다.

보양지 안에는 정(精), 기(氣), 신(神)의 조양과 몸의 수련에 관한 절목이 있으니, 이것은 도가와 석가의 방법을 참작한 것이다. 부모를 섬기는 방도와 아이를 기르는 법에 대한 내용이 있으니, 이것은 본래 우리의 한결같은 규범이다. 대개 이러한 몸을 기르는 섭생법은 예부터 전해 내려오는 방법이

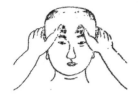

이마 · 눈썹 · 귀의 안마법

있어 도의 한 단서가 되므로, 다 버릴 수는 없기에 간단히 엮어 함께 서술
해둔다.

ㅡ『보양지』서문

## (11) 『인제지』 28권, 14책, 1,111,604자

『인제지』는 의학 백과사전이다. 《임원경제지》에서 가장 많은 분량을 차지
하는 주제로 44퍼센트에 이른다. 글자 수에서는 『동의보감』보다도 더 많을 정
도로 많은 내용을 담고 있다. 『보양지』까지 합하면 당연히 『동의보감』보다도
내용이 많다. 인제仁濟는 『논어』에 나오는 말로 백성에게 혜택을 베풀고 백성
의 어려움을 구제하는 일을 가리킨다. 서유구는 실지로 사람을 구제하는 것
은 오직 의약뿐이라고 하면서 무당이나 주술, 음양오행가 등은 인제와는 거
리가 멀다고 말하고 있다.

| 권수 | 주제 | 내용 |
|---|---|---|
| 1권-3권 | 내적인 원인 | 음식, 술, 과로에 몸이 상했을 때, 몸의 정기와 기혈이 허해졌을 때, 정액이 새는 증상, 놀라서 가슴이 두근거리는 증상, 간질, 잠이 적거나 많은 증상, 벙어리, 피가 나는 증상에 대한 전반적 처방 |
| 4권-6권 | 외적인 원인 | 중풍, 풍으로 마비되는 증상, 한기가 날 때, 피부가 마르고 깔깔해지는 증상, 열이 나는 증상, 학질, 각기병, 헛것에 들린 증상 |
| 7권-11권 | 내적 원인과 외적 원인이 결합된 것 | 두통, 눈병, 귀먹음, 코막힘, 각 부위의 통증, 토사곽란, 트림, 구토, 설사, 이질, 변비, 소변의 이상 증상, 기침, 딸꾹질, 고환과 배가 아픈 증상, 붓는 증상, 배가 불러오는 증상, 당뇨, 황달 |
| 12권 | 부인병 | 자궁의 병증, 젖과 관련한 병증, 임신, 여성병 |
| 13권-15권 | 소아과 | 소아 경기, 여러 가지 감염, 열병, 젖이나 밥으로 인한 속병, 갓난아이에게 발생하는 여러 병증, 천연두, 홍역, 마마 등 |
| 16권-21권 | 외과와 피부과 | 각 부위별로 골절, 옴, 피부병, 사마귀, 점, 종기 등 |
| 22권-23권 | 비급 | 구급 환자 처치법 |
| 24권-28권 | 부여 | 약 만들기, 채취하는 시기, 침뜸 혈자리, 약의 분량을 재거나 가공하는 기구, 뼈를 교정하는 기구, 탕액 이름 찾기, 구황 등 |

점을 치는 자는 어지러이 점패를 흔들고 술법을 가르치면서, 좋은 나쁜 일을 예단하여 사람들이 길한 쪽으로 가게끔 한다고 한다. 이것을 과연 '인제'라 할 수 있겠는가? 아니다. 이것은 고대의 점법과는 같지 않으니, 술법을 파시하여 세상을 우롱하려는 것이다.

고사를 지내는 자는 시끄러운 소리를 내면서 귀신에게 잘 보이고 신령과 소통하려 한다. 음식과 과일을 차려두고 신령을 달래면서 사람이 재난을 피할 수 있기를 바란다. 이것을 과연 '인제'라고 할 수 있겠는가? 아니다. 이것도 역시 고대의 무당과는 같지 않으니, 다만 사람을 놀라게 해 돈을 뜯어내려는 것이다.

운명을 말하는 사람은 사주를 실마리 삼아 안정기와 위기를 짚어내고 또 맹인은 주문을 외고 부적을 붙이는 등의 귀신이나 사기를 물리치는 염양의 방법을 사용한다. 그 밖에도 음양이니 오행이니 하는 일체의 술수들이 수천 가지인데 그 목적은 대개 세상을 구하는 것이라 한다.

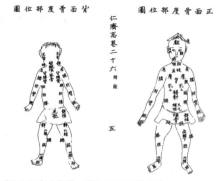

『인제지』에 나와 있는 인체의 뼈에 대한 설명

그러나 이와 같은 것들은 모두 고생만 할 뿐 허공을 잡는 짓이다. 나는 이런 술수의 효과를 알지 못한다. 실제로 본 바가 있고 사람을 구제하는 효과가 있는 것은 오직 의약의 이치뿐일진저!

의약의 이치는 삶이 있은 이후로 성인들이 발견해내고 지혜 있는 이들이 기록해놓아, 그 도를 전수하는 사람들이 대대로 이어지고, 연마하는 사람들이 끊이지 않았다. 말로 표현된 책은 한우충동이라, 오늘날 사고전서에 의약저술이 97부 1,539권이나 실려 있다.

… 고대의 의사는 의학의 이치를 세밀하게 배웠으므로 정확히 병을 진단하였고, 명확히 약성을 분변하였다. 병에 딱 맞게 약을 지을 경우 그들은 풀한 포기, 나무 한 조각만 쓰기도 하고 처방 하나만 쓰기도 했다. 반면 오늘날의 의사는 알맹이 없는 영역을 헤매기 일쑤이고, 태반이 어림짐작이어서 견해는 더욱 어지러워지고 처방만 많아지는 형편이다.

더욱이 임원에 살면 정식으로 명의에게 나아가 배울 겨를이 없다. 다만 간편한 방법을 택할 뿐이니 이시진의 보완역할이면 좋겠다. 또한 궁벽한 시골에는 책이 부족하므로 갑자기 병에 걸렸을 때 찾아보기 어렵다는 점을 고려했다. 그래서 이 인제지는 의가들의 처방을 간략히 묶어 삼인반의 목차를 따르고 또한 부인과, 소아과, 외과 등의 파목을 첨가하여 총 28권이 되었다.

ㅡ『인제지』서문

### (12) 『향례지』 5권 2책, 86,930자

『향례지』는 의례 백과사전이다. 향례鄕禮는 향촌에서 시행되는 의례라는 뜻이다. 농촌에 사는 선비가 반드시 알아야만 하는 의례를 다루고 있다. 서유구는 규장각 각신 시절에 『향례합편』이라는 책의 편찬에 참여한 적이 있었다. 서유구는 이 중 일부를 『향례지』에 수록하고 있다.

| 권수 | 주제 | 내용 |
|------|------|------|
| 1권-3권 | 통례 | 향음주례, 향사례, 향약 |
| 4권 | 관례와 혼례 | 성인이 되는 의례와 혼인 |
| 5권 | 상례와 제례 | 초상과 제사의 의례 |

향鄕이라는 글자는 두 마을(邑)이 서로 마주보고 있는 모습을 따랐다. 마을(읍)이란 백성들이 사는 곳을 말한다. …

이 향례지는 향음주례와 향사례를 간략하게 서술하고, 아울러 관례, 혼례, 상례, 제례를 기록하였는데 그 제목을 '향례'라고 한 것은 무엇 때문인가? 향례가 간략하다 해서 소홀히 다루었기 때문이다.

간략하다는 것은 어째서인가? 선왕이 가르침을 베푼 것 가운데 예가 가장 크니, 예는 곧 법이다. 그 넓은 범위에는 길례, 흉례, 군례, 빈례, 가례가 포함되고, 관례, 혼례, 상례, 제례와 향례, 사상견례가 포함된다. 그 책으로는 의례, 주례가 있고 예기, 대대례가 있다. 지금의 유학자로서 전문적으로 강구하여 죽을 때까지 머리를 책 더미에 파묻고 살면서도 그것을 그만둘 수 없는 사람이 있다면 진실로 경학의 스승이라 불러야 할 것이다.

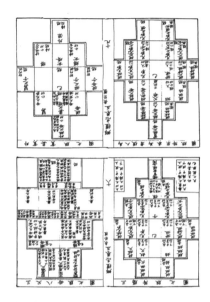

상례에서 지켜야 할 내용을 표로 정리해 놓은 것

그러나 학문이 사라지고 끊어진 지 이미 오래되어 단지 책에 실린 것에만 근거하여 옛사람의 뜻을 밝히려 한다면, 그 마음이 진실될지라도 또한 고달플 것이다. 그러므로 한 글자라도 책이나 문서 안에서 발견하면 미루어 유추하고 하나하나 따져서 무엇인가 하나라도 얻기를 바란다. 지금 유학자들의 식견이 이처럼 지극히 간절해도 오히려 요령을 얻지 못할까 두렵다. 하물며 시골에 은거하여 사는 사람으로서 그것을 해낼 겨를이 있겠는가.

그렇기에 여기에서 대략 서의와 가례를 주로 채록한 것은 그것이 간략하여 행하기에 쉽기 때문이다. 향촌에 사는 사람에게 일을 당하였을 때 뽑아서 열람하게 한다면, 일시에 살펴 실행하기 편할 것이니 향이란 글자로 묶어내는 것 또한 변통의 좋은 방도가 아니겠는가!

―『향례지』 서문

## (13) 『유예지』 6권 3책, 88,166자

『유예지』

『유예지』는 교양 백과사전이다. 책에서는 향촌에 거주하는 선비들이 늘 익히고 몸에서 떼어놓아서는 안 되는 것들을 말하고 있다. 독서법, 활쏘기, 수학, 서예, 회화, 실내악 등 각종 기예가 중심이다. 유예 遊藝는 '예藝에서 노닌다'는 뜻으로 『예기』에 나온 공자의 말이다. 서유구는 예를 예의범절, 음악, 활쏘기, 말타기, 서예, 수학 등의 육예六藝로 풀이하고 있다.

예란 기능이다. 예의 이름은 여섯 개가 있다. 하나는 예(禮), 악(樂), 사(射), 어(御), 서(書), 수(數)가 이에 해당된다. 하나는 시경, 서경, 예경, 악경, 역경, 춘추가 이에 해당한다. 이 모두 기능의 조목이다.

… 유(遊)라고 한 것은 물고기가 물에서 노닐 듯 그 곳에서 늘 눈으로 보고 익혀야 한다는 말이다. 이것이 이른바 '묵히기도 하고(藏), 닦기도 하고(修), 쉬기도 하고(息), 노닐기도 한다(遊)'는 것이다.

지금 유예지 중에 다만 독서와 활쏘기, 수학 및 서화와 실내악의 방법만 서술하면서 다른 항목을 언급하지 않은 이유는 어째서인가? 대개 예와 악이란 선왕의 큰 가르침으로 그 조목이 매우 번잡하니, 어느 겨를에 갑자기 익힐 수 있겠는가? 또 하물며 대악은 사라지거나 변형된 지 이미 오래되어 지금 다시 되살리려 하여도 할 수가 없다.

옛사람들은 나라에 큰일이 있으면 오로지 수레를 중요하게 여겼다. 그러므로 수레 몰기는 배우는 사람들에게 하나의 예가 되었다. 지금 우리에게는 수레 타는 제도가 없으니 어디에서 수레 모는 방법을 익히겠는가? 그리고 글씨 쓰기(書)란 육서를 가르치는 것이다. 옛날의 소학은 오로지 여기에다 힘을 쏟았으나, 그 뒤로 이아나 설문해자의 학문이 따로 하나의 학통을 이루었다. 지금 또한 갑자기 익힐 겨를이 없으므로 대략 서화를 하는 방법으로 대신하겠다. 모두 참작하여 더하거나 줄인 이유는 시골의 생활에서 편히 쓰이게끔 하려 하기 때문이다.

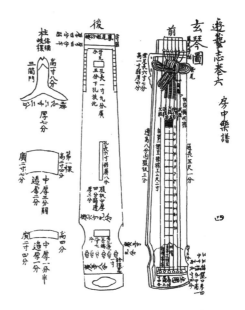

『유예지』의 거문고에 대한 설명과 연주법

― 『유예지』 서문

## (14) 『이운지』 8권 4책, 185,418자

『이운지』는 문화예술 백과사전으로 『인제지』 다음으로 분량이 많은 부분이다. 이운怡雲이라는 말은 중국 남조시대 양나라의 처사인 도홍경의 일화에서 따온 것이다. '산중의 구름을 혼자서 즐긴다'는 뜻이다. 향촌에 살면서 여가에 즐길 만한 일들을 정리한 것이다.

| 권수 | 주제 | 내용 |
|---|---|---|
| 1권 | 은거지의 배치와 휴식에 필요한 도구 | 총론, 정원, 기능별 건물들 가구 배치 등 은거지의 배치와 평상과 의자, 침구류, 휴대용 도구, 그릇, 음주도구 등 |
| 2권, 3권 | 임원의 벗들 | 차, 향, 악기류, 꽃과 돌, 새와 사슴과 물고기 등 |
| 4권 | 서재의 벗들 | 붓, 먹, 벼루, 종이, 도장, 기타 도구 등 |
| 5권, 6권 | 골동품과 예술품 감상 | 각종 골동품 및 글씨, 그림, 화첩 등을 다룸. 중국과 우리나라의 그림 등을 모두 망라함 |
| 7권 | 책의 소장 | 책을 구입하고 보관하는 방법부터 당시 존재하던 서적의 목록 정리 |
| 8권 | 일상 즐기기 | 명승지 여행, 시문과 술을 즐기는 놀이, 명절의 구경거리와 즐거운 놀이 |

도교의 성지인 오악을 형상화한 그림

세상에 흘러 다니는 말 중에도 간혹 이치가 들어있다. 옛날에 몇몇 사람이 하느님에게 호소하여 자신들의 안녕을 빌었다고 한다. 한 사람은 "벼슬길에서 현달하여 정승 자리를 차지하고 싶습니다"라고 했다. 하느님이 "좋다! 해주겠노라"라고 했다. 한 사람은 "수만금을 가진 부자가 되고 싶습니다"라고 했다. 상제는 "좋다, 해주겠노라"라고 했다. 한 사람은 "문채 있는 문장과 시가로 한 세상을 빛내길 원합니다"라고 했다. 상제는 한참 뜸들이다가 "약간 어렵긴 하나 그 또한 해주겠노라."고 했다. 마지막 한 사람이 말했다. "글은 이름자만 쓸 정도면 족하고, 재산은 입고 먹을 수 있으면 족하니, 달리 바라는 것이 없습니다. 다만 임원에서 고상하게 수양하면서 세상에서 구하는 것 없이 한 몸을 마치고 싶습니다." 상제가 이마를 찡그리며 말했다. "이 혼탁한 세상에서 청복을 누리는 것은 불가능하니, 너는 함부로 구하지 말라. 차라리 다음 소원을 말하는 것이 좋겠노라."

이것은 대개 임원에서 고상하게 사는 일의 어려움을 말한 것이다. 그러니 이 일은 참으로 어렵지 않겠는가! 사람이 생긴 이래 지금까지 몇천 년이 흘렀는데, 과연 이러한 일을 이룬 사람이 몇이나 되겠는가? 어렵구나! 옛날의 이른바 은자들은 그 시대의 변화에 맞닥뜨려 어쩔 수 없어 했을 뿐이다. 만약 아무 까닭도 없이 인륜을 도외시하고 은둔하여 비밀스런 일만 찾는다면 나는 이런 것은 취할 수가 없다.

… 지금 이 이운지에 펼쳐놓은 글은 대개 (임원에서 고상하게 살았던 옛 선인) 세 사람의 태도와 같다. 그리고 이운이라는 이름은 도홍경의 뜻을 취한 것이다. 그렇다면 이 네 사람은 이 지의 취지에 부합한다고 할 수 있다. 이외에는 다시 비길 만한 사람이 없으니, 이렇게 사는 일은 어렵다면 어렵다고 할 수 있으리라!

—『이운지』 서문

## (15) 『상택지』 2권 1책, 4,1451자

『상택지』는 풍수 백과사전이다. 16지 가운데 『관휴지』 다음으로 분량이 적다. 상택相宅은 '살 곳宅을 살핀다相'이라는 뜻이다. 서유구는 살 곳을 살피는 것은 술수가들이 말하는 향배(앞과 뒤), 그리고 순역(순리와 역리)의 형국을 판단하거나 오행과 육기의 운행을 살피는 일이 아니라고 설

『상택지』

명한다. 찬 곳과 따듯한 곳의 방위, 그리고 마실 물을 구하기가 쉬운지 아닌지 등을 살피는 것에 그쳐야 한다고 말한다. 향촌의 살 만한 거주 환경인가를 살피는 정도면 될 뿐 쇠락왕성이니 길흉화복이니 등까지 따질 필요는 없다는 것이다.

| 권수 | 주제 | 내용 |
|------|------|------|
| 1권 | 집터 살피기와 집 가꾸기 | 지리적 조건, 물과 흙, 생업조건, 좋은 마을 찾기, 경치 좋은 곳, 피해야 할 곳 등의 집터 살피기와 황무지 개간, 나무심기, 건물짓기와 배치, 우물 못 도랑 등의 위치의 집 가꾸기 |
| 2권 | 전국의 명당 | 전국 방방곡곡의 명당자리를 정리, 『택리지』를 원용함 |

상택지는 집을 짓기에 알맞은 조건에 대해 설명한 지이다. 살핀다(相)라는 것은 무엇인가? 요즘 술수가들처럼 일정한 틀에 부합하는지 여부와 순역의 형세를 판별하고, 오행 육기의 운행을 살핀다는 것인가?

그렇지 않다. 군자는 술수를 취하지 않는다. 지금 통용되는 상택경이 "황제 때에 지어진 책"이라고 하지만, 이는 후세 사람들이 가탁한 것이다. 그 책에 기재된 방법이 묏자리를 살피는 술수와 다르지 않다.

…

오늘날 우리들이 이러한 것을 행할 때 참되고 정확하며 온전히 올바르고 결점이 없는 바른 방법을 선택해 실천해도 도달하지 못할까 걱정되는 판에 왜 하필 옳은지 그른지 아직 확실하지도 않은 방법을 애써 지키며 기꺼이 거기에 빠져든단 말인가! 그러니 집 자리를 살피는 사람은 이와 같은 일을 하지 않는 것이 옳다.

그렇다면 무엇을 살핀단 말인가? 시경에 "그늘인지 양지인지 살피고 물줄

기를 관찰하네.라는 구절이 있으니 그 방위에 따라 따뜻한지 추운지를 판별하고 마실 물을 확보하기가 편한지를 살핀다는 뜻이다. 집터를 살핌은 이와 같을 뿐이다. 집이 비좁고 낮은 땅에 있어도 현달한 대부가 되는 데 하등의 지장이 없고, 너무 훤하고 높은 데 있는 집은 귀신이 들여다보고 화를 끼칠 우려가 있다. 하물며 이런 임원의 살 집은 형편 되는 대로 그럭저럭 이 한 몸 비바람이나 가릴 수 있으면 족하다. 길지인지 흉지인지 가리는 술수를 따질 계제가 못된다.

전국의 명당을 덧붙인 이유는 비슷한 성격의 내용이기 때문이다. 마지막 부분에 종류별로 분류된 전국의 이름난 터를 덧붙였다. 청빈한 선비가 자신이 사는 곳을 따라 이리저리 거닐면서 살기 좋은 곳을 선택하는 방법을 알게 하려 함이니, 이 또한 선비의 평소의 일과로 정한 공부에 조금이나마 도움이 될 것이다.

—『상택지』 서문

## (16)『예규지』 5권 2책 76,335자

『예규지』는 생활경제, 즉 상업 백과사전이다. 16지 중 맨 마지막에 자리하고 있다. 예규倪圭는 '백규의 상술을 곁눈질한다'는 뜻이다. '백규'는 중국 전국시대 위나라 사람으로 시세차익을 이용해 재물을 모은 사람으로 유명하다. 백규는 '남이 버리려 하면 내가 사들이고, 남이 취하려 하면 내가 준다'는 소신을 가지고 곡식 수확기에는 곡식을 사들이는 대신

『예규지』

실이나 옷을 풀었고, 누에 수확기에는 비단을 사들이는 대신 곡식을 풀었다. 음식을 소박하게 먹었고, 욕구를 절제했으며, 의복을 아꼈고, 하인들과 고락을 함께했다. 아마도 서유구는 이런 백규의 경영철학을 높이 산 것 같다. 그러나 맹자에서는 이런 백규를 천한 사람으로 보고 있지만 서유구는 이런 경제관념을 선비가 지녀야 한다고 본 것이다. 상당히 근대적인 의식이다.

『예규지』에는 가정 경제를 꾸리는 여러 지혜들이 담겨 있다. 지금에도 여전히 가벼이 볼 수 없는 내용들이다. 지금은 아마도 가장 관심을 받을 만한 주제이기도 하다.

| 권수 | 주제 | 내용 |
|------|------|------|
| 1권 | 지출의 조절 | 수입을 고려하여 지출, 절약, 경계할 일, 미리 준비하기 |
| 2권 | 재산증식(상) | 운송하여 장사하기, 재산 불리기, 부동산 동산 매입과 재산관리, 부지런히 일하기, 일 맡기기 |
| 3권 | 재산증식(중) | 전국 각지의 생산물을 경기도 39곳에서부터 함경도 24곳까지 총 321곳을 다룸 |
| 4권 | 재산증식(하) | 전국 각지의 시장을 경기도 34곳에서 함경도 24곳까지 316곳을 다룸 |
| 5권 | 전국거리표 | 서울을 중심으로 서북쪽으로 의주까지, 동북쪽으로 경흥까지, 동쪽으로 평해까지, 동남쪽으로 부산까지, 서남쪽으로 태백산까지, 남쪽으로 통영까지, 서쪽으로 강화까지를 다룸, 이어서 각 도의 읍과 읍 사이의 거리도 기록함 |

옛날 태사공 사마천이 화식열전을 지었다. 여기에서 그는, 바위 동굴에서 수양하는 선비로 자처하면서 가난을 유지하며 인의를 말하는 것을 부끄럽게 여길 만하다고 하였고, 마침내 행실을 닦고 절개를 가다듬는 일이 실은 부유한 생활을 구하려는 것이라고 결론지었다. 이는 다소 의외의 말을 가지고 사람들을 당황스럽게 하였기에 후세 사람 중에는 사마천을 비난하는

자가 많았다.

그러나 식량과 재물을 구하는 방법은 본래 군자가 취하지 않는 일이면서도 군자가 버리지 않는 일이다. 그러므로 나라를 다스릴 때에는 반드시 이것을 급선무로 삼았다. 유우씨가 천하를 다스릴 때에 맨 먼저 피한 내용은 "식량은 농시에 달려 있다"는 것이었고, 홍범의 8정에서 첫째를 '식량'이라 하고 둘째를 '재화'라 했다. 공자께서 가르침을 세울 때에도 "백성이 많아지면 그들을 부유하게 해주어야 한다"고 하였고, 또 "식량을 넉넉하게 해주는 일이 군사력을 키우는 일보다 앞선다"고 하였으니 그 의의가 이와 같다.

군자가 도를 닦을 때에 어찌 따뜻함과 배부름에 뜻을 둔 적이 있었겠는가? 누추한 골목에서 대그릇 밥과 표주박 물을 먹고 마시면서도 그 즐거움을 고치지 않은 자를 "어질구나!"라고 하며 인정하셨고, 농사일을 배우고 채소 재배하는 법을 배우면서도 예와 의를 먼저 배우지 않는 자를 소인이라고 폄하하셨으니 군자가 어떻게 수양했는지 알 수 있다.

그렇지만 도에서 귀중한 것은 상황에 알맞음을 따르는 일이다. 고지식하고 융통성이 없으면서 보편적인 도리를 알지 못하는 것 또한 바르지 않다. 그러므로 식량과 재물을 구하는 방법을 전부 버려서는 안 된다. 단목이 물건이 쌀 때 사들였다가 비쌀 때 팔아 재물을 모았다고 해서 공자 제자 중의 현철로 꼽히기에 장애가 되지 않았다. 조기가 떡 장사를 하여 생계를 이었다고 해서 어찌 경사로 추앙받는 데에 방해가 되었겠는가?

우리나라 사대부가 스스로 고상하다고 표방하며 으레 장사를 비루하게 여긴 것은 본래 그러했다. 그러나 궁벽한 시골에서 자신을 닦으며 가난하게 사는 무리가 많은데 부모가 굶주리고 추위에 떨어도 알지 못하고 처자식이 아우성쳐도 돌아보지 않고, 손을 모으고 무릎 꿇고 앉아 성리를 고상하게 이야기한다. 어찌 사기를 지은 사마천이 부끄럽게 여길 자가 아니겠는가?

그러므로 부모와 처자식을 먹여 살리는 기술을 익히지 않아서는 안 된다. 그 기술에도 구별이 있으니 농사는 근본이고 장사는 말단이다. 이 책이 본 리지로 시작하니 농사를 중시하는 도리이기 때문이고, 예규지로 마쳤으니 말단으로 삼아 가볍게 여기기 때문이다.

예규라는 서명은 장사에 능통했던 백규의 상술을 엿볼 셈으로 붙인 것이 다. 8도의 시장과 거리를 덧붙인 것은 재화를 증식하려는 자들이 기일에 맞춰 거래를 하고 여정을 계산하여 통행하기를 바라서이다.

—『예규지』서문

## ❀ 서유구의 저작

### 『풍석고협집』 6권

서유구가 18세부터 쓴 글을 모아 25세에 편찬한 문집이다. 서문에 작은아버지인 서형수와 이유원 등의 서문이 실려 있다. 권1에 서 7편, 권2에 기 9편, 권3에 서 6편, 권 4에 전 4편, 권5에는 묘지명 4편, 광전명 1편, 사리탑명 1편, 제문 4편, 권6에는 자저 10편 등 총 47편의 글이 수록되어 있다.

### 『금화지비집』 14권

금화는 서유구가 농촌에 은거하던 1807년부터 1811년까지 살았던 곳이며, 지비는 '자신의 잘못을 알다知非'는 의미이다. 『논어』에 나오는 공자의 친구인 거백옥이 매일 잘못을 뉘우쳐 50세에 49년간의 잘못을 알았다는 고사에 나오는 말이다. 즉,『금화지비집』은 그 끝을 기약할 수 없는 암담한 시절에 자신을 돌아본다는 의미를 담고 있는 제목이다. 『풍석고협집』 이후의 글들을 모아 엮은 문집이다.

### 『금화경독기』 8권

'금화金華에서 농사를 지으며耕 독서를 한 기록讀記'이라는 뜻이다. 제목이 의미하듯이 전체적으로는 독서에 대한 기록이지만 서유구의 전문적 지식과 다방면에 걸친 관심사 등이 담겨 있다. 특히『금화경독기』 권2에는 조선후기

수학자 김영(1749~1817)이 지은 천문역법서『기삼백해朞三百解』와『역상계몽易象啓蒙』이 수록되어 있어서 조선 과학사 연구에 중요한 역할을 하고 있다. 왜냐하면 천문수학자인 김영은 다수의 저술을 남겼으나 대부분이 현재 전하지 않기 때문이다. 이외에도 영조 때 7세의 나이로 아들을 낳은 경상도 산음현에 사는 여자아이의 이야기 등 특이한 인물들에 대한 이야기만 모은 인이人異 항목도『금화경독기』권6에 실려 있다. 한편《임원경제지》의 14개의 지에『금화경독기』가 745회 인용되어 있다. 2010년에 일본의 도쿄도립중앙도서관에서 원본 책이 발견되었다.

### 『번계시고』 3권 3책. 필사본

현재 전하는 서유구의 유일한 한시집이다. 3권 3책이다. 원본은 일본 오사카 나카노시마 도서관에 있다. 노년에 번계에서 벗들과 당대의 명사들, 자제와 인척들과 주고받은 시가 수록되어 있다. 주로 임원생활과 농사, 감회, 유람 등을 읊은 시가 많다. 특히 일반 한시집에서 흔히 볼 수 없는 농촌생활의 경영과 농사일, 농학 사상을 읊었다는 점이 특징이다. 서유구의 노년 시집이라는 점에서 서유구가 노년에 이르도록 그치지 않았던 삶의 지향과 실학자적 자세가 여실히 드러나 있다.

### 『행포지』 6권

『행포지』는《임원경제지》를 저술하기 전인 농촌에 은거하던 시기인 1807년 저술을 시작해서 1825년(62세)에 완성한 책이다. 그 내용이《임원경제지》에

214회 인용되어 있다. 직접 농촌생활을 하면서 자신이 체험한 농법을 바탕으로 농사에 대해서 저술한 농서이다.

## 『누판고』 7권 3책. 필사본

조선 정조 때 서유구 등이 왕명을 받아 편찬한 책판冊板의 목록을 담은 책이다. 1778년(정조 2) 정조는 각 도에서 간행된 책판을 기록하여 올리라는 명령을 내렸다. 이때 중앙과 8도의 관아를 비롯해 서원·사찰·개인이 올린 판본을 규장각에서 주제별로 분류하여 1796년에 완성하였다. 각 판본에는 서명을 표시하고 그 아래 권수를 표시했고, 다음 행에는 편저자명과 그에 대한 간략한 약력을 적었다. 부분적으로 서문과 발문 및 내용을 소개하고, 판본의 소장처와 닳아 없어진 글자의 여부 등을 포함한 간결한 해설을 붙였다. 『누판고』는 정조 대를 전후한 전국에서 판각된 책판에 대한 서지자료로 가치가 높다. 당대의 출판문화 사정과 우리나라 분류학사 연구상 귀중한 자료가 된다. 《임원경제지》에도 누판고의 초고본으로 보이는 경외누판京外鏤板이 실려 있다. 『누판고』의 원본은 전하지 않지만 원본을 베껴 쓴 전사본이 규장각도서와 고려대학교 도서관에 소장되어 있으며, 1941년 홍명희洪命熹가 교정하여 활판으로 인쇄한 것과 그 뒤 영인한 것이 있다.

# 🌸 서유구가 살았던 시대

| 한국사 | | 세계사 | |
|---|---|---|---|
| 1708 | 대동법, 전국 시행 | 1701 | 프로이센 왕국 성립 |
| 1712 | 백두산정계비 건립 | 1765 | 와트, 증기기관 완성 |
| 1724 | 영조 즉위 | 1776 | 미국, 독립선언 |
| 1725 | 탕평책 실시 | 1789 | 프랑스혁명, 인권선언 |
| 1750 | 균역법 실시 | 1814 | 빈회의(-1815) |
| 1776 | 정조 즉위, 규장각 설치 | 1830 | 프랑스, 7월혁명 |
| 1800 | 순조 즉위 | 1832 | 영국, 선거법 개정 |
| 1801 | 신유박해, 황사영 백서사건 | 1840 | 청 · 영국, 아편전쟁(-1842) |
| 1811 | 홍경래의 난 | 1848 | 유럽, 1848년의 혁명 |
| 1831 | 천주교 조선교구 설치 | 1851 | 청, 태평천국 운동(-1864) |
| 1860 | 최제우 동학창시 | 1857 | 세포이의 항쟁 |
| 1861 | 김정호 대동여지도 제작 | 1858 | 인도, 무굴제국 멸망 |
| 1863 | 고종 즉위, 흥선 대원군 집권 | 1860 | 베이징조약 |
| 1865 | 경복궁 중건(-1872) | 1861 | 미국, 남북전쟁(-1865) |
| 1866 | 병인박해, 병인양요 | 1861 | 중국, 양무운동 시작 |
| 1871 | 신미양요 | 1863 | 링컨, 노예해방선언 |
| 1875 | 운요호 사건 | 1868 | 일본, 메이지 유신 |

| 한국사 | | 세계사 | |
|---|---|---|---|
| 1876 | 강화도 조약 | 1869 | 수에즈 운하 개통 |
| 1879 | 지석영, 종두법 실시 | 1870 | 이탈리아 통일 |
| 1880 | 통리기무아문 설치 | 1871 | 독일 통일 |
| 1881 | 조사 시찰단 및 영선사 파견 | 1882 | 독일 · 오스트리아 · 이탈리아 삼국동맹 |
| 1882 | 임오군란, 조 · 미 수호통상조약체결 | 1884 | 청 · 프랑스 전쟁(-1885) |
| 1883 | 한성순보 발간, 원산학사 설립 | 1885 | 청 · 일 텐진조약 체결 |
| 1884 | 우정국 설치, 갑신정변 | 1887 | 프랑스령 인도차이나 성립 |
| 1885 | 배재학당 설립, 제중원 설립 | 1889 | 일본, 제국 헌법 공포 |
| 1889 | 함경도에 방곡령 실시 | 1890 | 세실 로즈, 케이프 식민지 수상에 취임 |
| 1893 | 보은집회, 최초의 전화기 도입 | 1893 | 디젤 기관 발명 |
| 1894 | 동학농민운동, 갑오개혁 | 1894 | 청일전쟁(-1895) |
| 1895 | 을미사변, 유길준이 『서유견문』 지음 | 1895 | 일본, 시모노세키조약 체결 |
| 1896 | 아관파천, 독립협회 설립, 독립신문 창간 | 1898 | 청, 무술개혁 · 무술정변 |
| 1897 | 대한제국 성립 | 1899 | 헤이그 만국평화회의 |
| 1898 | 만민공동회 개최, 독립협회 해산 | | |
| 1899 | 경인선 개통, 대한국 국제 반포 | | |

# 🌸 이미지 저작권

## ❀ 참고문헌

이 책에 글을 인용할 때 아래 책과 논문의 도움을 받아 원문을 번역하고 청소년이 이해하기
쉽도록 풀어 썼습니다.

· 『임원경제지-조선 최대의 백과사전』(서유구 지음, 정명현 외 옮기고 씀, 임원경제연구소·씨앗을
뿌리는 사람 펴냄, 2012)

· 『서유구, 농업개혁론을 제시한 임원경제지 편찬자』(염정섭 지음, 민속원 펴냄, 2013)

· 『풍석 서유구-조선후기 실학의 집대성자』(진병춘 지음, 씨앗을 뿌리는 사람 펴냄, 2014)

· 「풍석 서유구 산문 연구」(김대중 지음, 서울대 국어국문학과 문학박사 학위논문, 2011)

· 「풍석 서유구에 대한 한 연구-임원경제와 번계시고와의 관련을 중심으로」(조창록 지음, 성균
관대 한문학과 문학박사 학위논문, 2003)

# 풍석 서유구,
# 조선의 브리태니커를 펴내다

2017년 1월 23일 초판 발행

지은이 | 박유상
펴낸이 | 신정수
기획 | 진병춘, 박정진
편집 | 강동준
표지 및 본문 디자인 | 기민주
일러스트 | 이상규

펴낸곳 | 자연경실
출판등록 | 제300-2016-44호
주소 | 서울시 종로구 인사동5길 29 태화빌딩 805호 풍석문화재단
전화번호 | 02) 6959-9921
팩스 | 070) 7500-2050
홈페이지 | http://pungseok.net
전자우편 | pungseok@naver.com

❖ 자연경실은 서유구 선생이 노년에 사용하던 서재 이름으로 풍석문화재단의 출판 브랜드입니다.